Recomeçar

Palavras necessárias para tempos difíceis

FRANCESCO COSENTINO

Recomeçar

Palavras necessárias para tempos difíceis

Dados Internacionais de Catalogação na Publicação (CIP)
Angélica Ilacqua CRB-8/7057

Cosentino, Francesco
    Recomeçar : palavras necessárias para tempos difíceis / Francesco Cosentino ; tradução de Moisés Sbardelotto. - São Paulo : Paulinas, 2024.
    120 p. (Coleção Mística)

    ISBN 978-65-5808-306-1
    Título original: Ricominciare: parole buone per il nostro tempo

    1. Esperança 2. Fé 3. Vida cristã I. Título II. Sbardelotto, Moisés III. Série

24-4082   CDD 248.4

Índice para catálogo sistemático:
1. Esperança

Título original da obra: *Ricominciare: parole buone per il nostro tempo*

© 2023 Edizioni San Paolo s.r.l. Piazza Soncino 5 - 20092
Cinisello Balsamo (Milano) - Italia
www.edizionisanpaolo.it

1ª edição – 2024

Direção-geral: *Ágda França*
Editora responsável: *Marina Mendonça*
Tradução: *Moisés Sbardelotto*
Copidesque: *Ana Cecilia Mari*
Revisão: *Sandra Sinzato*
Gerente de produção: *Felício Calegaro Neto*
Produção de arte: *Elaine Alves*

Nenhuma parte desta obra poderá ser reproduzida ou transmitida por qualquer forma e/ou quaisquer meios (eletrônico ou mecânico, incluindo fotocópia e gravação) ou arquivada em qualquer sistema ou banco de dados sem permissão escrita da Editora. Direitos reservados.

Cadastre-se e receba nossas informações
paulinas.com.br
Telemarketing e SAC: 0800-7010081

Paulinas
Rua Dona Inácia Uchoa, 62
04110-020 – São Paulo – SP (Brasil)
(11) 2125-3500
editora@paulinas.com.br
© Pia Sociedade Filhas de São Paulo – São Paulo, 2024

Nunca é tarde demais.
A vida, de fato, recomeça sempre.
Francesco Cosentino

Sumário

Introdução	9
Confiança	15
Esperança	39
Reconciliação	59
Transformação	77
Inquietação	99
Para... recomeçar	115

Introdução

Os pescadores da Galileia tinham soltado as amarras e abandonado os barcos. Era um dos tantos dias vividos na monótona agonia das horas, mas as velas de sua vida finalmente se haviam desenrolado, e eles começavam a avançar para águas mais profundas. Deixaram tudo e o seguiram.

A nossa vida realmente começa quando deixamos de agarrá-la pelas mãos e soltamos as amarras; quando deixamos que o barco seja levado pelas ondas rumo à beleza sem limites do mar, sem que o medo do desconhecido freie o desejo da viagem e a energia do sonho que carregamos dentro de nós; quando finalmente nos libertamos da ansiedade de ter sempre que controlar tudo e encaixar as coisas em um esquema. Só se você for livre da prisão de seu ego é que poderá partir de verdade; e só quando partir, deixando para trás suas redes enredadas no desejo do domínio, é que começará a viver. Embora insistamos em querer dominar a vida porque temos medo de perdê-la, na realidade é só a perdendo que podemos vivê-la de verdade: este ensinamento, não por acaso, está no centro da pregação de Jesus.

Mas agora aqueles pescadores estão novamente de frente para o mar. Se tinham deixado tudo para ir atrás de um Nazareno de passagem pelas margens, agora, depois que Jesus foi morto, encontram-se tristes e sozinhos em uma noite escura que torna ainda mais misterioso o barulho das águas e que, na realidade, descreve a escuridão que carregam dentro de si. Nesse ponto, o Evangelho de João nos oferece uma pincelada genial. Pedro diz: "Eu vou pescar" (Jo 21,3). E os outros do grupo se juntam a ele. Eram pescadores, quando Jesus passou pela primeira vez e os chamou; fascinados pelo seu olhar, tinham abandonado as redes e confiado nele, iniciando uma nova vida no seguimento ao Mestre. Agora que fora morto na cruz, o sonho pelo qual haviam deixado tudo se despedaçou. Nessa noite de desolação, desilusão e amargura, os três anos vividos com Jesus permanecem como uma bela história para recordar, mas no momento é preciso voltar à dura realidade de cada dia, à vida de sempre. E, por isso, dizem simplesmente: "Vamos pescar", isto é, voltemos à vida de antes. Foi bom enquanto durou; ou, melhor, bom demais para ser verdade.

É o sentimento mais generalizado do nosso tempo e da nossa época. Estamos perdidos, enquanto avançamos pelos caminhos da incerteza. Caminhamos sem saber para onde ir, atravessando as veredas do crepúsculo e lamentando os tempos passados, imaginando belos trajetos que talvez nunca tenham existido de verdade, mas que nos evocam a esperança de redescobrir antigos clarões. Avançamos de cabeça baixa, chorando pelas nossas perdas. Entre as mãos, restam-nos fragmentos despedaçados de uma existência ocupada, veloz, complicada, em que a aceleração dos ritmos cotidianos e o frenesi que consome as energias dos nossos dias nos tornam vulneráveis e irritáveis, estendendo um véu de sombra sobre as nossas percepções e sobre os nossos juízos; sempre com falta de lucidez para focar em quem realmente somos. Que sociedade queremos construir? Aonde queremos ir?

Mais prisioneiros daquilo que somos do que voltados para aquilo que o Senhor quer nos tornar. Mais inclinados à lamentação do que intrépidos construtores de um futuro para as nossas cidades e para o nosso mundo. Trancados na prisão do "virar-se para sobreviver", com a atitude vitimista de quem já foi derrotado. Às vezes, rendidos à vida e sentados acariciando os nossos fracassos. Derrotistas, resignados, desencorajados, conscientes de que "a nossa geração está atravessando um deserto marcado por vastos acontecimentos, em parte muito dramáticos e em parte cotidianos, e não menos generalizados. Um deserto no qual as pessoas estão cansadas, inquietas, agitadas, desmotivadas, neuróticas, frustradas, perdidas, porque não veem o sentido da vida cotidiana e a vivem com pouco gosto e com pouca vontade" (Carlo Maria Martini).

Naquela noite, Jesus se manifesta aos discípulos, e faz isso "quando já era de manhã" (cf. Jo 21,4). No momento em que o Senhor chega à nossa vida, sempre se rompem a escuridão da noite e o poder do noticiário cotidiano, às vezes difícil e opressivo, que gostaria de nos pregar no madeiro. Jesus vem decretar o fim de todo sentimento de derrota. Espera-nos na beira do mar, como fez naquela noite com os discípulos amargurados e desiludidos, e se apresenta como sempre, com o rosto de um amigo que pede algo para comer, isto é, que quer compartilhar a vida conosco e, assim, dar-nos de novo a coragem de lançar novamente as redes, mesmo depois de uma noite de pesca fracassada. Um Deus discreto, que se apresenta esperando à beira-mar, que não julga os nossos fracassos e não nos desanima pelas nossas perdas, mas simplesmente nos assegura sua presença. E, estando ali ao nosso lado, devolve-nos a chama da vida.

É disso que precisamos, e é para isso que serve a palavra da fé: não só para nos levar a decifrar o tempo em que vivemos, mas também para nos dar novamente coragem de arriscar, de enfrentar as nossas decepções, de superar o sentimento de derrota e de desorientação que nos assalta. Essa é a mensagem principal que Jesus oferece à nossa vida, e que a fé cristã deve despertar novamente em nós e no coração do mundo: *você sempre pode recomeçar.*

Somos um pouco como aqueles discípulos, na beira do mar, na noite incerta, desorientados e confusos. Tudo parece ter se esvaziado, junto com as redes que não pescaram nada. Às vezes, parece-nos que a vida, com seus altos e baixos, é arrastada em uma longa lista de derrotas. Diante dessa experiência, temos duas opções: ou nos fechamos no ressentimento e permanecemos vítimas da derrota, ou consideramos essas experiências como parte da jornada e, então, acolhemos as nossas perdas, aprendemos a decifrar o que se move dentro de nós, tentamos entender o que acontece ao nosso redor e, sobretudo, deixamo-nos conduzir para mais longe: para voltar a sonhar, para voltar a arriscar, para voltar a viver com paixão e coragem, acolhendo em nós aquela presença bendizente de Deus que nos sussurra a verdade sobre o mistério da nossa vida: mesmo na experiência da noite e do sofrimento, há uma bênção escondida para você. Nem tudo está acabado para sempre. *Você sempre pode recomeçar.*

Esse é o desafio. E precisamos de palavras "necessárias" para recomeçar. Palavras e histórias que, a partir do sopro infinito da Palavra de Deus, falam à nossa vida e a transformam.

Confiança

A pesar dos imprevistos da vida e das tempestades que às vezes se abatem sobre nós, jorra uma fonte inesgotável no lugar mais íntimo e escondido de nós mesmos. Dentro de nós, há um espaço intocável, que é o da confiança. Trata-se de uma confiança interior, original, que serve de fundamento para a nossa existência e que não falha nem mesmo quando estamos expostos à desconfiança em mil frentes. É essa fonte que impede que a nossa vida seque e deslize inexoravelmente para aquilo que o Papa Francisco, com sua palavra tocante e pungente, chama de "o cansaço da esperança". Se, mesmo quando a situação externa parece perdida, consigo agarrar-me à confiança fundamental que carrego dentro de mim e que pertence a meu eu mais profundo; então, ainda tenho a esperança de poder levantar a cabeça e recomeçar. Recebemos essa confiança interior, fundamental não só para a vida de cada um, mas também para o caminho da sociedade em que vivemos, acima de tudo, do amor generoso e incondicional com que Deus sempre nos olhou, com o qual nos teceu no ventre de nossa mãe e nos deu a vida. A confiança nasce, sobretudo, do fato de eu saber que o Deus criador me olha desde sempre, pronunciando e repetindo para mim as palavras ditas no início da criação: "Você é muito bom; você é amado; você é bem-vindo".

Contudo, o dom da confiança passa também pela carne. Ou seja, de alguma forma, ela nos é transmitida no próprio momento do nascimento: nós a experimentamos pela primeira vez nos braços que nos abraçam logo que nascemos, no amor incondicional que nos acolhe nos confins deste mundo, em todas as experiências que, nas diversas fases da vida e especialmente durante a infância, nos transmitem essa confiança e nos infundem a coragem de abraçar a maravilhosa aventura de existir. Obviamente, isso não é algo evidente: há vidas humanas que são imediatamente desprezadas ou rejeitadas, há experiências de pobreza, degradação, violência e abusos que correm o risco de destruir a confiança original do nosso eu mais profundo, com o qual Deus quis nos preparar a veste para a festa da vida. Os danos provocados pela violência doméstica perpetrada nas relações familiares e, mais ainda, os danos causados pelos abusos físicos, psicológicos, morais e espirituais podem ser devastadores: destroem o nosso sistema interior fundamentado na confiança geral em relação a nós mesmos, aos outros e à realidade. De algum modo, até mesmo as nossas experiências negativas, especialmente aquelas em que fomos traídos, enterram sob uma densa manta escura esse nosso dispositivo interior, que é a confiança. Todos carregamos dentro de nós alguma ferida pelo fato de a nossa confiança e a nossa disponibilidade terem sido, de algum modo e pelo menos uma vez, abusadas ou violadas.

Hoje, porém, a nossa grande luta diz respeito ao sentimento de desconfiança e de desencanto que atravessa o nosso tempo, a nossa cultura e, em geral, as nossas sociedades ocidentais.

A impressão é de que habitamos um tempo suspenso, que nos empurra entre dois polos aparentemente opostos: ao frenesi de fazer o que é preciso, mas também a um sentimento interior de apatia. O "tudo" que procuramos fora de nós, porque, muitas vezes, dentro de nós mesmos habita o "nada". São inúmeras as cisternas da confiança que ruíram ao longo destas últimas décadas: as crises sociais, econômicas e geracionais; as promessas de bem-estar às vezes não cumpridas e outras vezes pagas a um alto preço; o otimismo eufórico por certos mitos e ideais – pensemos apenas nos políticos do século XX – que, depois, mostraram suas fissuras profundas e não estiveram à altura das expectativas; as instituições que sustentam a vida pessoal e coletiva – do Estado à Igreja – que, com frequência, traíram a confiança simples de quem lhes confiara certas chaves da existência. Algo se apagou em relação aos sonhos e aos ideais das décadas passadas, devido também à cadeia ininterrupta de ambiguidades e de fracassos que se sucederam na história e à acumulação de experiências decepcionantes: o mito do progresso que nos levou a pisar no acelerador não era como imaginávamos; a promessa de um bem-estar abrangente em uma sociedade mais justa e mais fraterna logo pareceu contaminada por um idealismo excessivo e nunca se realizou de verdade; as instituições que se haviam proposto a guiar a nossa vida e a conservar o bem da sociedade foram repetidamente abaladas por um déficit de credibilidade, muitas vezes devido às ondas anômalas do individualismo, dos egoísmos coletivos, da corrupção. E, lentamente, foi abrindo espaço aquela consciência geral na qual, mesmo sem pensar, estamos todos um pouco imersos e que muitos chamam de "pós-moderna": uma desconfiança, um "deixar estar" sem nos empenharmos demais, um "pegar e largar" sem fim, um "morder" sem paixão. A época das paixões tristes, segundo alguns: o fato de estar ao redor do crepúsculo, um cansaço interior, a renúncia a botar fé, o gesto de puxar os remos do barco ou – como o Papa Francisco repete frequentemente – o pessimismo e a resignação que ditam a lei dentro e fora de nós.

Mas não são apenas as grandes crises que nos afetam. Muito mais perto de nós, interessam-nos os pequenos fragmentos de crise que acabam atacando a nossa confiança na vida e em sua beleza, e que, gota após gota, secam o nosso mar interior, tornando-nos áridos. São muitas as expectativas frustradas, são muitos os ideais que se chocam com a dura realidade de cada dia, são muitos os sonhos e os projetos que não trazem os resultados tão esperados e se despedaçam no ruído muitas vezes silencioso das nossas fragilidades, dos medos que nos habitam, das hesitações que nos enfraquecem, das trevas e da confusão que frequentemente reinam dentro de nós e ao nosso redor. Em um belo texto sobre a esperança, Divo Barsotti escreve: "O pecado mais comum está em se cansar". Estamos cansados. E perdemos a fé de que ainda vale a pena.

A última hóspede inquietante que chegou gerando sentimentos de desconfiança certamente foi a Covid-19. Independentemente da evolução científica e social do problema, à qual temos assistido nestes últimos anos, algo certamente mudou para sempre. O retrocesso a que fomos forçados desmascarou a fragilidade da nossa época e da nossa realidade, além de ter trazido novamente à tona aspectos e dimensões da nossa experiência e da nossa interioridade que talvez estivessem adormecidos dentro de nós. E, a partir disso, o ressurgimento de pequenos ou grandes medos, ansiedades, fobias, solidões, e – por que não? – também transformações, esperanças, projetos. As crises, em âmbito pessoal e coletivo, muitas vezes chegam sem a nossa permissão, mas, com a nossa permissão, podem se tornar oportunidades de mudança. Essa transição também não é automática: se algo irá mudar nas nossas relações, no nosso estilo de vida, na nossa profissão de fé e, em geral, no fato de habitarmos o mundo, isso também depende de nós: algo se rompe, algo se despedaça, algo evolui, mesmo sem nos darmos conta, mas nós é que devemos decidir "aonde queremos ir" e "quem queremos ser amanhã".

Nunca se trata de um simples retorno à normalidade, mas sim de um novo início, de um começar de novo e, portanto, de um recomeçar. Uma arte impossível sem a confiança.

O melhor ainda está por vir

A confiança – devemos dizer a nós mesmos – não acontece por milagre nem exclui certo esforço inicial. Se é verdade que ela habita dentro de nós antes de qualquer outra coisa, quase de modo original, é igualmente verdade que os sentimentos de desilusão e as experiências negativas, que se acumulam ao longo dos anos, podem poluir esse poço salutar da nossa vida.

Na língua bíblica, especialmente no grego, a palavra "confiança" é quase sinônimo de "fé" e indica tanto uma relação com uma pessoa quanto um olhar novo sobre a realidade: tenho confiança em Deus, confio nele e em sua obra. Ao mesmo tempo, no Evangelho de João, diz-se que "quem crê tem a vida", ou seja, mesmo que as circunstâncias e as situações exteriores sejam negativas, quem tem confiança dispõe de um olhar novo, é capaz de ver a realidade de modo mais profundo, sabe ir além e, por isso, vence a morte.

Em muitos trechos do Evangelho, podemos descobrir o desejo de Jesus de infundir confiança no nosso coração. Muitas vezes, ele repete: "Não tenham medo". Confiem e confiem em si mesmos. Em muitas ocasiões, faz crescer a confiança, confiando justamente em quem não se sente capaz de alguma tarefa importante: Pedro o renega, mas, logo depois, Jesus lhe incumbe de uma missão. Enquanto somos dominados por um mundo que sempre exige de nós um desempenho perfeito, o Evangelho nos faz descobrir que Jesus não pede um certificado das nossas capacidades ou um currículo perfeito: ele confia em nós e nos confia sua obra, para que a levemos adiante, da forma como somos. Jesus quer que cada pessoa se sinta abençoada e amada por Deus, encorajada a olhar para frente e a parar de dar voltas em torno das próprias incapacidades ou inadequações. Em todas as histórias de chamado – de

Abraão a Moisés até os apóstolos –, Jesus nunca chama em razão de algum mérito; ao contrário, às vezes escolhe quem é pobre ou se sente inadequado.

Particularmente nas parábolas, Jesus infunde confiança. Ele nos convida a ter fé em Deus, porque, como Bom Pastor, vem nos procurar quando estamos perdidos e, mesmo com pouco fermento, faz germinar a massa da nossa vida. Com essa confiança nele, somos libertados do risco de permanecer vítimas daquilo que nos oprime ou do mal que nos rodeia; em vez de sucumbir ao peso da negatividade, quando descobrimos o joio no campo do nosso coração ou na sociedade em que vivemos, com confiança aprendemos que Deus aposta no trigo bom que também está presente: ele os faz crescer juntos, para que este último triunfe gradualmente sobre o primeiro. E, se é verdade que a vida sempre nos coloca diante de desafios importantes e que a própria fé exige de nós escolhas e decisões determinadas e radicais, a atitude de confiança no terno amor de Deus e em nós mesmos nos liberta da equação matemática em que às vezes asfixiamos a nossa existência: a equação entre compromisso e desempenho. Podemos e devemos nos empenhar em tudo e da melhor forma; mas, em uma breve e esplêndida parábola, Jesus vem ao nosso encontro com uma mensagem que infunde confiança e nos liberta das preocupações com os resultados: você pode ter sucesso naquilo que faz sem colecionar ânsias de desempenho e sem se pressionar: de fato, o agricultor "dorme e acorda, noite e dia, e a semente germina e cresce, mas ele mesmo não sabe como isso acontece, pois a terra produz fruto espontaneamente: primeiro aparecem as folhas, depois a espiga e, por fim, os grãos que enchem a espiga" (cf. Mc 4,26-28). Espontaneamente, não por meio de seu esforço ou graças à sua obstinação. Algumas coisas acontecem, germinam, amadurecem. Abrem espaço justamente quando você solta as amarras. Mas você só as vê se tiver olhos cheios de confiança.

Sempre há algo dentro de nós que nos mantém dramaticamente apegados ao nosso fracasso, à insegurança, ao medo de não conseguir, ao temor de não sermos amados, aos erros do passado. É preciso partir daqui, deste cara a cara com o nada, para recuperar a confiança sobretudo em nós mesmos. Ela não coincide com o quão seguros estamos por fora. Por trás da nossa imagem exterior, existe o nosso eu mais profundo, o núcleo espiritual que nos habita e no qual está esculpida a imagem de Deus: ali não podemos ser feridos por nada nem por ninguém; é o lugar onde estamos mais sólidos, o espaço dos nossos fundamentos. A falta de confiança, então, decorre muitas vezes do fato de vivermos na superfície, projetados apenas para o exterior, e dificilmente conseguimos mergulhar profundamente, em contato com nós mesmos e com quem realmente somos nesse núcleo profundo. Por isso, a confiança em nós mesmos cresce quando estamos bem enraizados; aconteça o que acontecer fora de mim, mesmo que eu seja tocado e ferido, não fico abalado, porque aprendi que a minha vida é maior do que as experiências e os eventos cotidianos; quando levo adiante a mim mesmo e os meus pequenos compromissos, mesmo errando e caindo, mesmo cansado e sem obter resultados imediatos, sabendo que concluir o que comecei fortalece a confiança em mim mesmo, independentemente do resultado final. E, quando, ao descobrir a presença de Deus em mim, intuo que sou único, original e abençoado. Então, sou como uma árvore, que se pode dobrar, mas sem se quebrar; ou, como diz São Paulo: "Somos afligidos de todos os lados, mas não vencidos pela angústia; postos em apuros, mas não desesperançados" (2Cor 4,8). Essa confiança cresce quando sou verdadeiramente eu, para além das máscaras que costumo usar para buscar a aprovação exterior. Uma confiança que cresce quando damos a nós mesmos este imperativo: seja você mesmo, abrace suas fraquezas, descubra seus pontos fortes e apegue-se ao Deus que habita dentro de você.

A confiança em nós mesmos abre-nos para as relações com os outros. A insegurança e a desconfiança, e vice-versa, também se propagam para fora e me impedem de ter relações confiáveis, serenas e belas. E os outros, por sua vez, sentindo-se bloqueados ou ameaçados, não nos oferecem confiança. Devemos abrir os braços para acolher a confiança que nos é dada especialmente "em casa", ou seja, no lugar dos nossos vínculos mais próximos: os outros, aqueles que me amam, os familiares ou os amigos mais íntimos, são um pouco a minha casa, isto é, são um lugar onde me sinto bem, posso respirar, posso ser eu mesmo, onde sinto que não estou sozinho na luta da vida. A confiança nos outros certamente pode ser ferida, decepcionada e traída, mas o epílogo nunca pode ser "não confio mais em ninguém". Ao contrário, precisamos trabalhar o melhor que pudermos sobre essas feridas, aceitar que algo nas nossas relações também pode romper-se, curar o que for possível, apresentar essas feridas ao Senhor, para que possamos recomeçar gradualmente.

A primeira e última fonte de confiança, porém, é Deus. A confiança nele é um dom que nasce e se recebe lentamente, na oração e na experiência da fé. Se perseverarmos, esse pode se tornar o ponto mais inabalável da nossa vida: pode acontecer de tudo, mas estou nos braços de Deus, tranquilo e sereno como uma criança nos braços de sua mãe (Sl 131). Pode haver uma tempestade no barco da minha vida, mas sei que ele está comigo e faz os ventos se calarem e aplaca o mar. Tenho certeza de que o Senhor está comigo e, sobretudo, confio em sua promessa: "Mas nem um só fio de cabelo cairá da vossa cabeça" (Lc 21,18).

Precisamente lá onde me parece que o pôr do sol está chegando e não espero mais nada, Deus pode começar algo novo: na noite, surge uma luz; lá onde parece haver densas trevas, brilha a luz de Cristo e começa uma mudança. A confiança em Deus não é uma atitude de passividade, como se tivéssemos que esperar tudo dele. Ao contrário, faço o que está dentro das minhas possibilidades, mas sei também que Deus é maior, trabalha por um bem maior, e me deixo levar por ele. Naturalmente, tenho os meus projetos, mas os confio a ele para ser iluminado, guiado e, talvez, também para ser "despedaçado" em algumas de minhas certezas ou seguranças: Deus abrirá um caminho no deserto. Então, não tenho mais medo do futuro: o Senhor está comigo e indicará o caminho (Is 43,19). Às vezes, ter confiança em Deus também significa dar a mim mesmo imperativos espirituais: solte as amarras, largue seu ego, não finja mais que você tem tudo sob controle. Confie, porque você verá coisas grandes: o melhor ainda está por vir!

Jesus e Natanael

O encontro entre Jesus e Natanael é a história de uma abertura à confiança. Nesse personagem evangélico, observamos um toque de sarcasmo e preconceito, que lentamente se abre à confiança. Passa da suspeita ao amor, graças ao diálogo que Jesus tece com ele.

Um primeiro aspecto interessante desse relato é que – caso raro, senão único na Bíblia – ele começa com a história da vocação de outra pessoa, Filipe. A vocação de Filipe parece ser bastante simples: ele encontra o Senhor e, imediatamente, o segue e depois dá testemunho dele. A vocação de Natanael é mais tortuosa, mais difícil, mais gradual, mas começa pelo fato de Filipe ter ido incomodá-lo com um anúncio. Há dois aspectos aqui. Em primeiro lugar, não somos os primeiros chamados nem os primeiros cristãos, e a nossa vocação não é um evento extraordinário e isolado; ao contrário, tornamo-nos cristãos sempre graças a outra pessoa. Somos cristãos porque alguém nos anunciou Cristo, talvez até tenhamos nos incomodado no início. Isso é importante também para compreender o mistério da Igreja: estamos dentro da história de um povo que nos precede e que nos transmite Cristo; os nossos pais ensinaram isso a seus filhos, e assim por diante, de geração em geração. Nesse sentido, fazemos parte de uma grande corrente, de um rio que se chama Tradição, na qual certamente estamos de forma singular, pessoal, livre, mas à qual sentimos que pertencemos e da qual somos chamados a participar. Se somos cristãos porque alguém o anunciou a nós, e a história de uma vocação é precedida por outra vocação, então isso significa que o dinamismo missionário pertence à própria fé: não podemos guardar a alegria do Evangelho apenas para nós.

O Papa Francisco quis fazer disso um programa de seu pontificado: a alegria do Evangelho, que enche a vida dos fiéis, sempre se renova no encontro com o Senhor para se comunicar aos outros. A nossa fé cresce e se revigora à medida que "saímos" da nossa concha, do risco de guardar para nós a consolação que o Senhor nos dá, e levamos Cristo aos outros. Se o nosso encontro com o Senhor se torna uma cômoda e prolongada "soneca", a fé se apaga.

E, assim, voltamos a Natanael. Ele se deixa incomodar e desacomodar por Filipe, mesmo que o ponto de partida revele o preconceito de que está imbuído: "De Nazaré pode sair algo de bom?" (Jo 1,46). Os preconceitos são perigosos: elevam a ignorância à verdade, tornando-a até mesmo uma "moda" no nosso mundo influenciado pelas mídias sociais. Basta uma frase de efeito, um rosto famoso, um material publicitário que fale aos nossos instintos mais baixos e, de repente, gera-se um nefasto mecanismo automático que nos leva a pensar a mesma coisa e da mesma forma, ou seja, a não pensarmos mais com a nossa própria mente. Como afirma o Papa Francisco, o preconceito distorce a realidade e nos leva continuamente a julgar os outros e os eventos sem a luz da verdade e sem misericórdia. A renomada revista *Focus* publicou um estudo segundo o qual o preconceito, mesmo que inconsciente, tem o poder de modificar a nossa percepção ao ver o rosto dos outros. De fato, trata-se de uma opinião preconcebida, de um julgamento preventivo e precipitado, muitas vezes desprovido de racionalidade, que cria estereótipos. Muitos dos problemas que temos em termos de confiança, para com os outros e para com a realidade, dependem dos nossos preconceitos, que nos impedem de nos abrir, de acolher aquilo que vem ao nosso encontro. Precisamente, de confiar.

O problema, porém, é que os preconceitos muitas vezes estão bem presentes também na vida espiritual e, ao distorcerem a nossa realidade, também a interior, tornam-se um obstáculo para o encontro com o Senhor: cada um de nós tem uma "Nazaré" dentro de si, da qual desconfia e sobre a qual pensa: nunca pode vir nada de bom daí! E, assim, desencadeia-se o círculo vicioso: por um lado, organizamo-nos de muitas maneiras, com mil expedientes e inúmeras máscaras, para esconder a nossa fragilidade, para negar as necessidades, para disfarçar as nossas vulnerabilidades, quase nos envergonhando delas, para fazer com que a nossa vida corresponda ao ideal de uma pessoa forte e vencedora; por outro lado, procuramos Deus em outros lugares, por toda parte, exceto na nossa imperfeita e humana fragilidade, nas coisas belas e santas, ordenadas e organizadas. Na realidade, tocamos em um ponto sensível da fé cristã, quando aprendemos que Deus é sempre o Deus das "encruzilhadas" (cf. Mt 22,9), o Deus das "margens da vida"; aquele que não nasce em Jerusalém e não habita os palácios dos poderosos, mas que atravessa a dureza das periferias e se faz próximo das vidas erradas, despedaçadas e perdidas. Na vida espiritual, somos sempre obrigados a aprender uma dura lição: Deus nos fala precisamente por meio daquela situação ou daquela parte de nós que gostaríamos de esconder embaixo da terra. A propósito de Natanael, o Papa Francisco afirma que, nesse trecho do Evangelho, podemos contemplar "a liberdade de Deus, que surpreende as nossas expectativas, fazendo-se encontrar precisamente lá onde não o esperaríamos". Pode vir algo de bom da minha raiva, da luta para lidar com algumas circunstâncias cotidianas, da minha incapacidade de levar a bom termo um propósito, de uma relação ferida ou despedaçada, desta ou daquela situação complicada? Pode vir algo de bom do meu pecado, da minha fragilidade? Por meio dessa Nazaré, o Senhor poderia querer dizer algo à minha vida. Eu confio?

Nesse trecho do Evangelho, vemos sobretudo a boa pedagogia usada por Filipe. Ele repete o que Jesus lhe propôs, quando lhe disse "vem e vê". Para levar a nossa fé e o anúncio de Cristo aos outros, basta partir do relato e do testemunho de como ele tocou a nossa vida e propor a mesma experiência, que depois será vivida de modo pessoal. Natanael, porém, também dá um passo importante: não permanece prisioneiro do preconceito, mas se deixa desafiar. Pelo menos, está disposto a pôr em discussão o julgamento precipitado que fez. Nesse ponto, acontece algo que representa a chave de virada desse trecho e, de forma mais geral, do tema da confiança: Natanael vai ver, vai conhecê-lo, mas descobre que já é conhecido por Jesus. Jesus o vê chegando e se expressa dizendo: "Este é um verdadeiro israelita, no qual não há falsidade!" (Jo 1,47). Natanael se surpreende e pergunta: "De onde me conheces?". E Jesus responde, na verdade, de modo enigmático: "Antes que Filipe te chamasse, quando estavas debaixo da figueira, eu te vi" (Jo 1,48).

Há aqui um tema central na nossa vida espiritual: Deus me conhece desde sempre, Deus me escolheu e me ama desde sempre. Antes mesmo da criação, ele me predestinou para ser seu filho e, portanto, antes dos meus méritos. "Antes de formar-te no seio de tua mãe", diz ele a Jeremias, "eu já te conhecia [...] eu te consagrei e te fiz profeta [...]". Ao mesmo tempo, Jesus fala de uma figueira, uma árvore bíblica que tem alguns significados.

A figueira é um dos dons da terra prometida porque, ao contrário do deserto, que é um lugar estéril e árido, nessa terra correm leite e mel e produzem-se figos e romãs, isto é, frutos doces; alimentando-se do Senhor, o povo receberá frutos doces e abundantes. O Primeiro Livro dos Reis narra a prosperidade do povo de Israel com a imagem da figueira: "Judá e Israel viviam sem medo, cada um debaixo de sua videira e debaixo de sua figueira, desde Dã até Bersabeia, durante toda a vida de Salomão" (1Rs 5,5). Ao mesmo tempo, o profeta Zacarias afirma que, no dia da salvação, "cada homem convidará seu vizinho para debaixo de sua videira e de sua figueira" (cf. Zc 3,10).

Mais tarde, então, a figueira torna-se também símbolo da Palavra de Deus, que produz frutos abundantes e nos permite degustar a doçura de Deus. Por isso, "estar sentado debaixo da figueira" significa estar com o Senhor e meditar sua Palavra. De fato, os escribas frequentemente estudavam a Torá debaixo das figueiras, que, além disso, proporcionavam boa sombra. Nesse sentido, pode-se dizer: Natanael é um jovem que medita e estuda a Escritura, e, por isso, há em seu coração um desejo de verdade, de conhecer o Senhor; o Senhor sabe que não há falsidade em seu coração e, ao ler esse seu desejo, também quer dizer-lhe que ele já se realizou: você quer conhecer a Deus, mas ele o conhece e o ama desde sempre.

O Cardeal Martini afirma a esse respeito: "A emoção de descobrir que existe alguém que me conhece inteiramente, que me conhece de verdade, como nunca eu pensaria ser conhecido. Cada vez que nos damos conta de que somos conhecidos por uma pessoa que achávamos que fosse estranha para nós, ficamos maravilhados e abalados".

É exatamente assim que nasce a confiança: quando descubro que sou conhecido, quase de antemão; quando sou acolhido na minha verdade e, portanto, amado.

De fato, a partir dessas palavras de Jesus, Natanael se sente tocado em seu coração e pensa: esse homem sabe tudo sobre mim, ele conhece o caminho da vida; posso realmente confiar nele. Precisamente, então, os preconceitos caem, e nos abrimos à confiança e à profissão de fé: "Rabi, tu és o Filho de Deus!" (Jo 1,49). Ele reconhece isso porque foi primeiro reconhecido por Jesus. Eu só reconheço quando sou reconhecido, acolhido e amado.

Nesse ponto, Jesus relança: uma vez reconstruída a confiança, ela pode ampliar a visão e incentivar sonhos grandes: "Verás coisas maiores que estas" (Jo 1,50). E, naquele momento, Jesus fala do céu aberto e dos anjos que sobem e descem, recordando a famosa imagem da escada de Jacó que, no sonho noturno, luta com Deus. A escada está plantada entre a terra e o céu. Trata-se de uma bela página bíblica, por meio da qual entendemos que a relação com Deus, a vida cristã, a oração não são um tranquilizante ou um paraíso terreno pacífico. A vida de Jesus foi uma luta para afirmar o Reino de Deus no meio dos violentos, para fazer germinar a semente boa em um campo no qual, à noite, o adversário semeava o joio, para arrancar o homem dos poderes do mal e o mundo da escuridão das trevas. E, por isso, Jesus tomou posição, realizou gestos inéditos, proferiu uma palavra de fogo, foi submetido aos golpes da injustiça e da violência, sofreu provações indizíveis e morreu na cruz como o pior dos malfeitores.

Da mesma forma, o cristão vive a aventura de um combate espiritual permanente: "A existência cristã não deve ser entendida como um simples caminho educativo que vai da luz para uma luz cada vez maior; é conflituosa, é uma luta incessante entre luz e trevas, entre bem e mal, uma luta dura e fatigante, que põe à prova a nossa fé, esperança e caridade... Resistir ao mal exige um combate nada pequeno... devemos sentir o drama da luta entre Deus e satanás que se está desenrolando na história. Um combate sem exclusão de golpes, pelo qual Cristo morre na cruz. Não há trégua, não há armistício entre luz e trevas: elas se enfrentam dia e noite, da manhã à noite e da noite à manhã. Quando você se levanta, a luta já está perto de seu leito e não lhe abandona nem de noite; acontece, sobretudo, dentro de nós, que somos o primeiro campo onde são semeados o trigo bom e o joio, e devemos nos preparar para ela todos os dias com o coração renovado. Não há tentação, não há prova que seja poupada para quem vive o Evangelho" (Carlo Maria Martini).

Portanto, a vida cristã nos pede uma luta; no meio da consolação e do doce fruto do amor, há uma verdadeira batalha cotidiana a ser travada também com o Senhor, na qual, às vezes, elevamos uma oração semelhante a um grito de protesto, porque não compreendemos seus planos ou porque experimentamos sua ausência e, no fim, achamos que não estamos sendo ouvidos. No fim da luta, Deus abençoa Jacó. Naquele momento, Jacó havia fugido, depois de ter rompido a relação até mesmo com seu irmão, e, cansado e desolado, havia se apoiado em uma pedra para dormir. Essa escada que une o céu e a terra, bem como essa luta que Deus inicia, é uma forma pela qual o Senhor cuida dele.

O Cardeal Martini afirma que esse símbolo da escada significa que "Deus se interessa por nós. Deus cuida misteriosamente do homem, não o abandona nem nos momentos mais difíceis e obscuros. Até mesmo na noite escura de um homem errante e fugitivo, há uma atenção do céu por ele; nós somos objeto de uma Providência que nos acompanha passo a passo, mesmo onde nos sentimos desolados, até mesmo abatidos, desorientados. E essa é a verdade fundamentalíssima que põe a existência de uma pessoa novamente nos trilhos... Deus cuida de mim, estou em suas mãos... A imagem da escada que repousa sobre a terra e cujo topo chega ao céu revela que Deus se interessa por mim, pelos acontecimentos da minha vida, pelas minhas dificuldades cotidianas que só eu conheço, e que misteriosamente me envolve e me é propício".

É esse anúncio que reconstrói a nossa confiança às vezes ferida. A Natanael, portanto, Jesus está dizendo: "Confie! Deus cuida de você"; "sobe e desce", ou seja, está trabalhando em sua vida. E você verá coisas grandes.

Não tenha medo do futuro, pois você está nas mãos de Deus: "Um dia, assim como com Natanael, será preciso se deixar incomodar para que a aventura comece. Viemos ver, queremos vê-lo e um dia nos damos conta de que ele nos viu. Que somos conhecidos, que somos amados como somos. Não o vimos, mas, com uma certeza interior ao mesmo tempo frágil e inatacável, sabemos que, na verdade, ele nos observa, vê as nossas profundezas, aquelas profundezas que não ousamos olhar, que nos perturbam, das quais não nos orgulhamos... Acredite, você ainda não viu nada com sua figueira... O que Jesus lembra a Natanael é que, com Deus, o melhor sempre está por vir" (Adrien Candiard).

Esperança

Nossas sociedades ocidentais se assemelham cada vez mais a lanternas que se vão apagando lentamente e sem muito alarde. A inesgotável invasão da desilusão por muitas promessas não cumpridas, a insatisfação com certos estilos de vida, as feridas infligidas à natureza que muitas vezes se revolta contra nós, as inseguranças da vida cotidiana e dos lugares que frequentamos, que, por sua vez, geram muitos medos que permeiam a nossa mente e a nossa alma, entregam-nos àquela atitude de pessimismo cansado, que nos obriga a arrastar a vida. Em vez de cultivarmos grandes sonhos e boas expectativas, ficamos paralisados pela ansiedade de sermos deixados para trás, de perdermos o trem que passa a toda a velocidade.

Sem a esperança, sem aquele arrepio interior que, apesar de tudo, oferece alívio aos nossos esforços e abre as nossas aflições e cansaços à possibilidade de recomeçar sempre e à confiança fundamental em um mundo que, à nossa volta, continua nos sustentando, nos superando e nos surpreendendo, não podemos viver. Corremos o risco daquilo que o Papa Francisco eficazmente chama de "o cansaço da esperança", que nasce da fadiga do coração, que nos despedaça quando os olhos se ofuscam diante do futuro, enquanto a realidade presente, apesar do nosso empenho incessante e constante, quase nos dá um tapa na cara, sugando os nossos melhores recursos e pondo em dúvida que algo realmente possa mudar e que uma nova aurora possa chegar. O Papa Francisco diz que se trata de "um cansaço paralisante. Nasce do fato de olhar para a frente e não saber como reagir diante da intensidade e da incerteza das mudanças que estamos atravessando como sociedade. Essas mudanças parecem não só pôr em discussão os nossos modos de expressão e de compromisso, os nossos hábitos e as nossas atitudes diante da realidade, mas também pôr em dúvida, em muitos casos, a própria viabilidade da vida religiosa no mundo de hoje".

Além das nossas desilusões e frustrações pessoais, a pandemia também se somou a este nosso tempo, marcando a nossa existência e deixando diversas consequências de natureza psicológica, alimentando angústias, medos e inseguranças que estavam latentes dentro de nós e nas nossas relações sociais. Quando a nossa vulnerabilidade emerge em sua violência, então as bases da nossa esperança interior podem ser minadas pela raiz.

Hoje, temos novamente a urgência de nos perguntar: como faremos para recomeçar? Como posso me levantar e começar de novo? Onde encontrarei a esperança para retomar o caminho?

Quando deixo de olhar apenas para a ponta do meu nariz ou para os meus sapatos, achando que o mundo termina em mim, e começo a olhar além, a perscrutar o horizonte, a pensar grande, a crer que a vida é "mais", então faço a experiência daquilo que se entende pela palavra "esperança".

A esperança é uma parente próxima da confiança. O dicionário fala dela como de uma expectativa confiante de que aquilo que desejamos se realizará, no presente ou no futuro. Ainda mais fascinante é a etimologia da palavra, que lembra o fato de tender para uma meta. Isso só é possível se eu não ficar prisioneiro do negativo e conseguir entrever a luz no caminho que percorro, mesmo que esteja imerso nas trevas. Esperar significa crer ainda nas estrelas do céu e em um céu que ainda brilha de estrelas para mim. Significa crer que não existe destino nem horóscopo que importe, porque, o que eu quero mudar, pode realmente mudar, e o que eu desejo realizar, pode realmente se realizar, com as minhas forças, o meu empenho, a ajuda e o apoio dos outros. E também graças às circunstâncias da vida que, se às vezes podem ser adversas, outras vezes abrem surpreendentemente caminhos de mudança e aplainam estradas de novas possibilidades.

Nesse sentido, a esperança é uma força que sustenta o caminho da vida e, ao mesmo tempo, é na própria vida que ela nasce e se desenvolve. É o que se move dentro de nós quando os desafios da vida nos interpelam e quando ficamos prostrados pela sensação de derrota e de fracasso. É crer, como afirma Gibran poeticamente, que nada impedirá o sol de nascer de novo, nem mesmo a noite mais escura. A esperança nos dá a coragem da inquietação para não ficarmos sentados à espera de que as coisas aconteçam, e, em vez disso, tornarmo-nos, nós mesmos, os protagonistas criativos da nossa existência. Quando começamos a esperar, dilatamos os horizontes da vida.

Hoje, então, precisamos fazer-nos novamente a pergunta fundamental sobre a esperança: será que ainda temos realmente esperança? Temos dentro de nós a esperança cristã ou ela se reduziu a uma fraca luz que se vai apagando?

Há sempre um amanhã que ainda pode florescer

Por outro lado, essa pergunta gera outra, sobre a qual vale a pena nos determos para esclarecer: o que significa esperança em sentido cristão? Se a esperança é uma virtude teologal, isto é, que nasce diretamente do

Recomeçar: palavras necessárias para tempos difíceis

próprio Deus, então esse vulcão que arde dentro de nós e essa fonte que jorra dentro do nosso coração nascem, antes de tudo, do envolvimento de Deus na nossa vida. A vida humana certamente é inconcebível sem a tensão da esperança, mas é igualmente verdade que "a esperança cristã é algo de tudo isso e é diferente de tudo isso: é diferente de todas as formas que o mundo chama de esperança... A esperança cristã vem de Deus, do alto, é uma virtude teologal cuja origem não é terrena. Na verdade, ela não se desenvolve a partir da nossa vida, dos nossos cálculos, das nossas previsões, das nossas estatísticas ou investigações, mas nos é dada pelo Senhor" (Carlo Maria Martini).

A esperança cristã, portanto, é parente do otimismo humano, mas não é a mesma coisa. Ela é maior do que certos gargalos dentro dos quais lemos os acontecimentos da vida, de acordo com horizontes pessimistas ou otimistas. De fato, o otimismo é o nosso desejo humano voltado a que tudo corra bem, mas a esperança é muito mais: é o futuro prometido que vem ao nosso encontro e nos convence, apesar das turbulências da vida, de que a nossa história tem um propósito e uma direção. Viver na esperança não é "ser otimista" em relação ao fato de que algo de bom vai acontecer mais cedo ou mais tarde, mas é saber e sentir que a nossa vida está posta sob a luz de uma promessa que vem de Deus. Esse futuro que

Deus nos prometeu – futuro de bênção, de libertação, de alegria – já começou a se realizar em Jesus; e a nossa história está "escondida" nele, é atraída para o vórtice desse caminho de liberdade. Uma promessa que vem ao nosso encontro e, precisamente assim, nos atrai, orienta o caminho, motiva as nossas escolhas. Esperar, para nós, cristãos, é saber que, por trás da jornada às vezes difícil, existe Alguém que tem um projeto de bem para nós e que guia a nossa vida e a história da humanidade.

Em essência, a esperança cristã tem um nome preciso: Jesus. Ele é a razão do nosso esperar e do nosso caminhar. Nele, já se realizou definitivamente a vida plena que todos desejamos; ele é a imagem de ser humano que todos queremos ser e é aquele que já fundou a nossa esperança, porque ressuscitou da morte e nos prometeu que ressuscitaremos com ele, ou seja, removeu o maior obstáculo, que é a morte. Se a morte está à minha frente, o que posso esperar? Não tenho futuro. Mas, se a morte foi vencida, então aquela meta final que me espera e para a qual caminho dá significado àquilo que estou vivendo hoje, até às coisas negativas. Nada me perturba a ponto de me fazer desesperar. Sempre há um caminho, um amanhã que deve florescer.

Vale a pena degustar as palavras do Papa Francisco: "Quando se fala de esperança, podemos ser levados a entendê-la segundo a acepção comum do termo, ou seja, em referência a algo de belo que desejamos, mas que pode se realizar ou não. Esperamos que aconteça, é como um desejo. Diz-se, por exemplo: 'Espero que amanhã faça um tempo bom!', mas sabemos que, em vez disso, no dia seguinte pode fazer um mau tempo... A esperança cristã não é assim. A esperança cristã é a expectativa de algo que já se realizou; tem uma porta ali, e eu espero chegar até a porta. O que devo fazer? Caminhar rumo à porta! Tenho certeza de que chegarei até a porta. Assim é a esperança cristã: ter a certeza de que estou caminhando rumo a algo que é, e não que eu quero que seja. Essa é a esperança cristã. A esperança cristã é a expectativa de algo que já se realizou e que certamente se realizará para cada um de nós".

Esse é o tesouro da nossa vida: a esperança, isto é, saber que, aconteça o que acontecer, seja qual for o caminho da nossa vida, mesmo o mais tortuoso, Deus me ama, me acompanha e não me deixa cair no vazio... Até o fim, ele luta comigo e me promete plenitude de vida e de alegria. Carregamos esse tesouro, porém, como em um vaso de barro, ou seja, ele não nos tira a fadiga da vida, não nos torna forçosamente alegres, como se todas as coisas devessem necessariamente correr bem. Simplesmente acende uma pequena luz, mesmo quando vivemos nas trevas.

A esse respeito, São Paulo escreve: "Ora, trazemos esse tesouro em vasos de barro, para que todos reconheçam que este poder extraordinário vem de Deus e não de nós. Somos afligidos de todos os lados, mas não vencidos pela angústia; postos em apuros, mas não desesperançados; perseguidos, mas não desamparados; derrubados, mas não aniquilados; por toda a parte e sempre levamos em nosso corpo o morrer de Jesus, para que também a vida de Jesus se manifeste em nossa existência mortal. Com efeito, nós que vivemos somos sem cessar entregues à morte por causa de Jesus, a fim de que a vida de Jesus se manifeste em nossa carne mortal. Assim, a morte atua em nós, enquanto a vida atua em vós. Possuindo, porém, o mesmo Espírito de fé a que se refere o que está escrito: 'Eu tive fé e, por isso, falei', nós também temos fé e, por isso, falamos. Estamos certos de que aquele que ressuscitou o Senhor Jesus nos ressuscitará também com Jesus e, juntamente convosco, nos colocará ao lado dele" (2Cor 4,7-14).

Não é verdade, portanto, que, "enquanto há vida, há esperança", como se costuma dizer. No máximo, o oposto é que é verdade: enquanto há esperança, há vida! A esperança mantém a vida de pé. Se tenho esperança e cultivo a esperança, posso ser oprimido, mas não esmagado; abalado, mas não desesperado. Ou seja, sou feito de barro, frágil e humano, mas nada pode destruir-me, porque sou sustentado por Deus e caminho rumo a ele.

E, assim, a esperança é não permanecer escravo do momento, oprimido pelas circunstâncias, vítima dos acontecimentos, esmagado pelo noticiário; esperar é ver as coisas em uma perspectiva aberta, em atitude de abertura em relação às surpresas de Deus.

De fato, existem duas formas de olhar a nossa vida e o tempo que passa: a partir do passado e do futuro. A partir do passado, vivemos apenas de arrependimentos, na nostálgica tristeza daquilo que perdemos, que não existe mais, que não voltará; a partir do futuro, olhamos a vida de frente, perscrutamos o horizonte, ainda procuramos as estrelas, cultivamos desejos e projetos, na firme certeza de que, se até agora continuamos tateando no escuro, é o próprio futuro que vem ao nosso encontro e ilumina a noite.

Enquanto estamos assustados, desorientados, deprimidos ou simplesmente apáticos, precisamos do dom da esperança. O futuro nos espera e caminha rumo a nós. Em Cristo, Deus disse para sempre seu "sim" definitivo à nossa vida e repousou sobre nós o manto suave de sua misericórdia e de um amor que nunca nos faltará. Ainda precisamos de esperança: para cultivar a nossa imaginação, despertar os nossos recursos interiores, imaginar ainda e novamente as nossas vidas e as nossas sociedades. É essa esperança que surpreende até o próprio Deus, como canta Péguy: "A esperança, diz Deus, eis o que me surpreende... Que aqueles pobres filhos vejam como estão as coisas e acreditem que amanhã de manhã será melhor. Que vejam como estão as coisas hoje e acreditem que amanhã de manhã será melhor".

As dez virgens

A parábola das dez virgens faz parte do último grande discurso de Jesus e é uma exortação para as comunidades cristãs que, depois da ressurreição de Cristo, devem caminhar em meio às provações da história à espera do retorno final do Esposo. Se este veio para reunir a família de Deus, alcançando até os distantes, reunindo até os perdidos e, portanto, abraçando a todos, é igualmente verdade que, no fim, alguns manterão acesa a lâmpada da fé e caminharão na esperança do encontro final com ele, enquanto outros, tolos, se deixarão vencer pelo "cansaço da esperança" e deixarão suas tochas se apagar.

Trata-se de uma parábola sobre o fim. Para responder à pergunta que desde sempre nos atravessa e que, às vezes, ressurge em nós com um pouco de angústia: *e se tudo tivesse que acabar? O que haverá no fim? E onde iremos parar?* A interrogação é muitas vezes suprimida, deliberada ou inconscientemente, empurrada para os cantos menos visitados do nosso frenesi cotidiano, abafada dentro do estupor das nossas correrias, dos negócios, das atividades e, acima de tudo, das ressacas do consumismo e das exterioridades que conseguem muito bem nos distrair e nos desviar. No entanto, quanto mais a empurramos para o fundo, mais a interrogação volta à tona.

O Evangelho não esconde a realidade. Não evita as perguntas difíceis e os eventos traumáticos como a morte. Quem faz dele um anestésico para adormecer a consciência trai o verdadeiro sentido do cristianismo, que é, ao invés disso, o dom de uma coragem inesperada capaz de nos fazer atravessar as estradas da vida e até o túnel da morte, na esperança. Permanecer vigilantes na esperança, para não adormecermos e não entorpecermos o vigor da vida, é, de fato, uma lembrança constante nos lábios de Jesus. O verdadeiro perigo – ele parece dizer – não é o de errar ou de cair, mas sim o de não viver mais por estar adormecido. E podemos adormecer por cansaço ou por desconfiança, por termos sido feridos ou decepcionados, por medo de olhar a realidade de frente ou por já nos termos acomodado na superficialidade. Por muitos motivos, como as virgens da parábola, podemos ser surpreendidos pelo sono.

Para nos falar do fim, portanto, o Evangelho nos conta uma história tirada da vida cotidiana e dos usos e costumes da época em Israel. A festa de casamento, que era muito solene, durava vários dias, e, no primeiro deles, o esposo ia à casa dos sogros buscar a jovem e a levava consigo. A esposa era acompanhada em procissão pelas jovens solteiras do vilarejo, que cantavam, dançavam e empunhavam tochas acesas para iluminar a noite. Essas jovens, portanto, aguardavam a chegada do esposo para, depois, poderem acompanhar a amiga. A imagem é requintadamente bíblica: Israel está esperando o Messias, o Esposo, e, como se verá, uma parte desse povo o reconhecerá e o acolherá, enquanto os tolos continuarão no sono e não se darão conta de sua chegada. O mesmo vale agora para a Igreja, para a comunidade dos discípulos que caminham na história depois que Jesus ressuscitou.

O fato, porém, é que o esposo demora, e este é o cerne da parábola: o *atraso do Esposo*. De fato, Mateus escreve a uma comunidade na qual se pensava que Jesus ressuscitado voltaria quase imediatamente e, assim, cumpriria definitivamente sua promessa. Mas os anos se passam, e nada disso acontece; alguns até chegam a se perguntar: "Onde ficou a promessa da sua vinda? Desde a morte de nossos pais tudo permanece como no princípio da criação" (2Pd 3,4). E, assim como muitas vezes também acontece conosco, quando, depois de anos de compromisso, de esperanças frustradas, de caminhos de fé levados em frente, parece que nada muda, nem dentro nem ao redor de nós, muitos deixam a esperança na volta do Senhor se apagar e retomam a vida de antes. À medida que os anos passam, e esse retorno de Jesus não acontece – ou seja, o Esposo demora –, alguns cristãos começam a desanimar: ele ressuscitou, mas ficamos aqui... com os nossos problemas, as nossas dificuldades, as doenças, as guerras, as coisas de sempre. Por que o Esposo não chega para nos libertar definitivamente do mal e da morte? Quando essa desilusão abre espaço, lenta e gradualmente, voltamos às coisas de antes e de sempre, enquanto novamente nos deixamos acariciar pelas seduções do mal. O sono do espírito sempre nos faz regredir, talvez até em pequenas doses, a uma vida que muitas vezes é simplesmente insípida e superficial, frequentemente também salpicada de maus pensamentos, ações e escolhas.

Precisamente para soar o alarme e exortar essas pessoas, cuja tocha da fé vai se apagando, Mateus propõe essa parábola e responde assim: a volta de Jesus não é iminente, não sabemos nem o dia nem a hora. Mas isso não nos deve desanimar; temos certeza de que ele chegará. Na expectativa, devemos cultivar o desejo por ele, alimentar a chama da esperança, vigiar para descobrir os sinais de sua presença em nossa história cotidiana sem nos deixar surpreender pelo sono, agir na caridade para acrescentar óleo àquela tocha que ele veio acender na terra. Essa é a sabedoria que deve ser cultivada: viver tudo, cada dia e cada coisa, sabendo orientar o olhar do coração e a prática da vida para aquilo que realmente importa, para o essencial, para o encontro com o Senhor. Hoje, ele se manifesta nas coisas caducas e frágeis da nossa vida terrena e da nossa carne, mas isso é um prelúdio para seu retorno e para o encontro final que teremos com ele. Tolice é não se dar conta disso, não esperar mais a vinda de Deus na nossa vida, não o buscar mais, acreditando que ele está principalmente distraído ou ausente; é viver nas sombras, deixando apagar a chama da fé e do amor.

As cinco virgens sábias têm óleo na lâmpada. Ou seja, na expectativa do Esposo, não ficam de braços cruzados. Esperam, lutam, olham para a frente e em tudo procuram a presença de Deus e sua Palavra. Trata-se, portanto, de uma espera ativa: as cinco virgens representam os cristãos que, à espera de sua vinda, caminham ao encontro do Esposo, desejam-no, procuram-no, encontram-no desde já, vivem o Evangelho. Ou seja, elas alimentam o dom recebido que é o Espírito Santo, aquele óleo que é a presença de Deus em nós e que queima na lâmpada da nossa vida. Óleo que arde e que quer fazer-nos arder de paixão, de entusiasmo, de amor.

As virgens simplesmente esperam. Quem espera tem a lâmpada da vida sempre acesa. Mesmo quando o vento sopra e a chuva cai, a chama não se apaga, porque sabe que não está sozinha no caminho; quem espera, sabe que foi criado para encontrar o Senhor, que é plenitude de vida, e por isso caminha ao encontro dele, ou seja, sabe que sua vida não é nem inútil nem sem sentido. Nunca se rende durante a noite, pois sabe que, mesmo no meio da noite, o Esposo pode chegar e acender uma nova luz. Se cai, levanta-se e retoma o caminho com mais vigor do que antes, erguido por uma força que não vem de si, mas do alto. Quando alcança alguma meta, não se acomoda na presunção, mas continua a buscar sempre, a perguntar novamente. Tem certezas, mas permanece aberto às surpresas da vida e à criatividade de Deus, porque sabe que sua vida não termina no pequeno círculo das próprias coisas ou problemas, mas é sempre um tesouro a descobrir.

Se há uma pergunta que devemos fazer na nossa vida é esta: quem apagou a luz? Há situações, acontecimentos, gestos, palavras que podem matar a esperança e apagar o nosso entusiasmo de seguir em frente. Há também momentos históricos conturbados e difíceis que ameaçam deixar-nos na escuridão. Mas é nessa hora que a palavra da fé vem ao nosso encontro para reabrir uma janela na nossa vida, através da qual podemos olhar além. Ela nos sussurra: "O noivo está chegando. Ide acolhê-lo!" (Mt 25,6). Quem espera é assim: sai dos próprios espaços, até mesmo na noite profunda, para ir ao encontro do esplendor de um abraço. Quando saímos do ventre de nossa mãe, fomos ao encontro da vida. Agora, não podemos parar!

Às vezes, pode parecer que não temos nada; afinal, essas cinco virgens só têm um pouco de luz, enquanto ao redor é noite. Isso basta para fazer com que elas esperem o Esposo com esperança e alegria. Você não começa a viver quando tem tudo e quando tudo está em seu devido lugar. Tudo que precisa é de um pouco de luz lá dentro, que nunca se deve apagar, e então você pode partir.

Trata-se também de um convite a não deixar escapar o momento certo: quando o Esposo chega, as cinco virgens tolas não estão lá! Faltam ao compromisso. Devemos estar atentos, vigilantes, para não faltarmos aos compromissos importantes da vida; por isso, devemos preparar cuidadosamente e construir as coisas importantes ao longo do tempo, porque elas serão fonte de alegria. A esperança diz: não viva arrastando a vida! Não adie o compromisso com a vida. Não escolha sempre o amanhã, deixando que lhe roubem o presente. As cinco virgens tolas representam aqueles cristãos que, em um primeiro momento, ficaram entusiasmados e depois se renderam. Esqueceram-se de Deus e vivem sua vida como se ele não existisse. Tendo perdido o entusiasmo da fé e tendo sido sugados pelas coisas de todos os dias, sua lâmpada se apagou, isto é, sua vida deixou de arder.

Então, quem entrará no banquete do Esposo? Quem pode fazer de sua vida uma festa? Quem viverá o futuro, o da própria vida e o que está além desta vida? Somente quem não permite que o óleo da própria lâmpada se apague. Quem, a partir de agora, acolhe Jesus ressuscitado e permite que ele transforme seu coração. Quem o busca, mas, sobretudo, quem sempre o espera no burburinho do cotidiano.

Como escrevia Dom Tonino Bello: "A verdadeira tristeza não é quando, à noite, ninguém o espera ao voltar para casa, mas sim quando você não espera mais nada da vida. E a solidão mais sombria, você não a sofre quando encontra a lareira apagada, mas sim quando não quer mais acendê-la. Quando pensa, enfim, que a música acabou. E os jogos já foram realizados. A vida, então, corre enfadonha rumo a um epílogo que nunca chega".

Se a nossa vida é como uma lâmpada acesa que desafia a noite do egoísmo, do mal, da indiferença, da dor, das tantas coisas que estão erradas e que gostaríamos de mudar a partir de agora, mas, sobretudo, a noite da resignação e da desilusão, então receberemos a plenitude do Senhor. Mas, se nos falta o fogo, então já estamos mortos e levamos uma vida apagada, vazia, sem sentido e sem direção. Viver acesos ou viver apagados, este é o desafio. Ser aquelas pessoas que ainda buscam, que esperam, que sonham, que constroem, que se empenham, ou aquelas que não buscam mais e não esperam mais nada da vida; ser aquelas pessoas que vivem a vida com o fogo da paixão e do entusiasmo ou ser chamas apagadas.

Cabe apenas a nós decidir. As virgens sábias não dão o óleo às tolas porque ninguém mais pode decidir

Francesco Cosentino

por elas. Embora possamos apoiar-nos mutuamente, essa escolha deve ser feita por nós, no íntimo do nosso coração. Ninguém pode substituir o fogo que arde dentro de mim, eu tenho que cuidar dele. Ninguém pode alimentar a minha lâmpada com outro óleo que não seja o meu, aquele que o Espírito deu para mim. E, assim, a vida espera uma resposta pessoal que só eu posso dar: como quero vivê-la? Como quero gastá-la?

Cada um de nós é chamado a inventar uma boa resposta.

Reconciliação

A pesar dos rompantes do progresso moderno e dos diversos instrumentos avançados que temos a nossa disposição, a sociedade em que vivemos não é suficientemente segura, mas, ao contrário, é marcada por conflitos, divisões e violências de vários tipos. Muitos pequenos focos acesos pelas ressacas do rancor, do ódio e do preconceito correm o risco de explodir todos os dias nas nossas relações interpessoais, nos cantos das nossas cidades e da sociedade, enquanto, em algumas partes do mundo, esses focos já se tornaram verdadeiros incêndios de confronto e de violência. Por outro lado, seria um erro pensar que as causas de uma sociedade em conflito residem apenas em situações e condições estruturais de injustiça ou de ódio, que também existem. Embora muitas pessoas sejam vítimas de conflitos desencadeados por tratamentos injustos ou por condições, por assim dizer, "externas" a sua pessoa, continua sendo de grande clarividência o olhar com que Jesus nos convida a olhar para as situações obscuras da nossa vida e da nossa sociedade: "Pois é de dentro, do coração humano, que saem as más intenções: imoralidade sexual, roubos, homicídios, adultérios, ambições desmedidas, perversidades, fraude, devassidão, inveja, calúnia, orgulho e insensatez. Todas essas coisas saem de dentro, e são elas que tornam alguém impuro" (Mc 7,21-23).

Uma prova disso de quanto cada um de nós vive e, sobretudo, de quanto conseguimos ver dentro de nós quando "praticamos a verdade". Descobrimos, sem muito esforço – basta que o queiramos e que sejamos honestos com nós mesmos –, que o nosso eu não é feito apenas de amor, bondade e bons desejos; como afirmava o psicanalista Carl Jung, temos uma estrutura "bipolar", porque, junto com o amor e a bondade, convive em nós um conteúdo de agressividade. Não somos nem devemos ser perfeitos, mas devemos ser pessoas autênticas. Na autenticidade, tal como quando nos espelhamos na água, vemos realmente quem somos e tocamos em inúmeros conflitos e em muitas feridas que acumulamos ao longo da vida, devido aos nós não resolvidos em nosso interior, ao contato com o mundo exterior, ao ambiente familiar ou de trabalho, às pressões e às injustiças da nossa sociedade.

Aprendemos, assim, aquilo que Jacqueline Morineau escreve: "Estar em conflito faz parte da vida: não é nem bom nem mau. O conflito simplesmente existe, e temos que aprender a transformar essa situação de ruptura entre dois indivíduos, dois grupos de pessoas, dois países, mas também com nós mesmos. A violência é uma força vital que habita em cada um de nós. E é importante reconhecer que ela está ali e se manifesta todas as vezes que vivemos uma experiência de oposição".

Somos vulneráveis e, quando temos medo de nos mirar no espelho e de olhar para dentro de nós mesmos, tentamos de todas as formas fugir dessa nossa realidade. Equipamo-nos habilmente, tanto com as máscaras pessoais que usamos para nos mostrarmos invencíveis e maquiarmos a realidade, escondendo a nossa fragilidade, quanto com os expedientes do consumismo e com o turbilhão das atividades que nos impedem de parar e permanecer com nós mesmos. No entanto, protegermo-nos da fragilidade do próprio ego, fugirmos da verdade de nós mesmos, tentarmos expulsar para o esquecimento todas as nossas zonas de sombra e os nossos limites, bloqueiam o caminho da nossa vida e do nosso crescimento, tornando-nos pessoas que, mais cedo ou mais tarde, até mesmo nas situações menos previsíveis, vão trazer à tona tudo o que reprimiram sob a forma de medo, de ansiedade ou de agressividade.

Para muitos de nós, todo conflito já é, por si só, algo negativo, inconveniente e inadmissível, talvez porque nos obrigue a lidar com a dimensão conflituosa da realidade e com a própria desordem que muitas vezes habita dentro de nós. Mas, de fato, não existe uma vida sem conflitos, sem crises, sem situações de tensão. Não é preciso ser idealista: nem mesmo as pessoas que compartilham os mesmos valores ou têm uma orientação semelhante em âmbito religioso ou político vivem suas relações sem conflitos. E, por outro lado, os conflitos e as crises envolvem evoluções e crescimentos importantes.

Precisamos, portanto, de reconciliação. Curar as feridas interiores que carregamos em nosso íntimo e acolher com ternura a criança ferida que vive sempre dentro de nós. Precisamos olhar de frente para os conflitos da nossa vida, as relações mais complexas, os laços que se estão desgastando ou que, por múltiplas razões, se romperam. Na relação com Deus e na relação com os nossos semelhantes, também existem conflitos, distâncias, ângulos diferentes, nuances complexas. Isso não deve nem nos enrijecer nem nos assustar. Precisamos costurar e tecer de novo o mosaico da harmonia, do diálogo e do amor, sem ceder aos sentimentos de culpa, ao vitimismo ou à violência ideológica que nos fazem pensar o mundo como se estivesse dividido em preto e branco, impedindo-nos de captar as incontáveis gradações e tonalidades da vida. É importante nos deixarmos alcançar pela palavra da fé, que quer agir dentro de nós e ao nosso redor para reconstruir aquilo que foi despedaçado. No caminho da vida, precisamos nos tornar pessoas reconciliadas com Deus, com nós mesmos e com os outros, mas também com a vida e com a realidade que nos rodeia. E temos a tarefa de nos transformarmos em pessoas que saibam "pôr-se no meio", isto é, intercessoras, capazes de ser mediadoras, conciliadoras, operadoras de paz, construtoras de pontes, em vez de muros.

Só o amor cura

Mas o que significa a palavra "reconciliação"? Em latim, significa "chamar-se de novo", ou seja, chamar novamente a outra pessoa, depois, talvez, que se criou uma distância. E, se duas pessoas estão distantes e se reaproximam, a tensão pelo momento difícil vivido e pela emoção da amizade que refloresceu é tão grande que há a necessidade de um gesto capaz de sancionar essa reconciliação. Em geral, é um abraço, às vezes as pessoas choram.

Eis a reconciliação. É uma realidade por meio da qual Deus nos diz que não são nem as repreensões, nem as regras, nem os esforços que curam a vida. A vida só é curada com um abraço. Porque só o amor cura. De fato, no centro da mensagem cristã está o anúncio surpreendente de uma misericórdia em excesso, que vem curar e sustentar o nosso caminho: Deus ama você com um amor que vai além da medida, além de seus méritos, além de suas fragilidades. Um amor que entra também no conflito e está no meio, operando a paz e derrubando os muros de separação. Por isso, a exortação de São Paulo: "Em nome de Cristo, vos suplicamos: reconciliai-vos com Deus" (2Cor 5,20). Ao contrário de nós, Deus não faz sermões nem coloca fardos sobre as nossas costas. Ele só quer lançar seus braços ao redor do nosso pescoço, como é descrito magnificamente por Jesus na parábola do filho que volta para casa depois de ter se ausentado.

No fundo, cultivamos uma imagem negativa de Deus: continuamos repetindo que Deus é amor, mas, no fim das contas, na vida cotidiana, o que importa é se estamos em pecado ou na graça, se somos "bons cristãos" ou não, se temos o carimbo de fiel ou não na carteirinha. Muitas vezes, vivendo com esses fardos, que frequentemente nos sufocam sob o peso de vários sentimentos de culpa, perdemos a alegria do Evangelho e a alegria da fé. Ao contrário, a Palavra de Deus nos fala do pecado não para praticar um moralismo inútil ou para nos dizer que somos maus, mas sim para nos comunicar uma verdade fundamental da nossa vida: somos finitos. Somos frágeis. Não somos onipotentes, porque nenhum de nós é Deus. Contra todo delírio de onipotência, que nos faz pensar no ser humano como algo que, se bem programado, traz os resultados esperados, a Palavra de Deus nos diz: sua verdade é a finitude, é a experiência da pobreza, da fragilidade, de um proceder incerto. E o mais estupendo é que, dentro dessa incerteza, Deus veio habitar, ele vem procurar você, ama-o com um amor que quer fazê-lo brilhar, até mesmo no meio de muitas trevas. Este é o anúncio do Evangelho que Jesus nos entrega: Deus se fez próximo. E, por isso, reconcilia. Ele se faz próximo e, por isso, anula as distâncias. E, aproximando-se, une o que está despedaçado, cura o que está ferido. No centro da fé, portanto, não está o pecado, mas sim o anúncio de algo extraordinário: "Deus é maior que o nosso coração" (1Jo 3,20). E você é amado.

Não por acaso, o evangelista Lucas, antes de narrar as parábolas da misericórdia no capítulo 15, faz uma premissa. Os escribas e os fariseus afirmam: "Este homem acolhe os pecadores e come com eles" (Lc 15,1-2). Isto é, o Evangelho subverte a nossa imagem de Deus e o nosso modo habitual e tradicional de entender a relação entre culpa e perdão; nós pensamos que Deus é um contador, alguém que pesa na balança os nossos erros, que nos observa quando nos desviamos e que, mesmo que nos perdoe para nos dar sempre uma chance, no fim da vida nos apresentará a conta. Ele terá tudo registrado, e precisaremos prestar contas. Jesus nos dá, sobretudo com essas três parábolas, uma notícia surpreendente: Deus não é o que você pensa! De fato, ele está com as pessoas de má reputação, não com os bons e os puros. Está junto com os culpados, com os que não observam as regras, com os que violam a paz social, com as prostitutas e os cobradores de impostos, com aquelas pessoas que não fazem parte do povo de Deus. Jesus vai ao encontro deles, acolhe-os, come com eles, porque quer mostrar o verdadeiro rosto de Deus: não um Deus melindroso, irritável ou vingativo, mas sim um Deus bom, rico em graça, apaixonado. Porque o conteúdo da fé cristã não é a culpa, mas sim o amor que sai em busca de quem se perdeu. É a grande alegria do pastor que reencontra sua ovelha, da mulher que encontra sua moeda perdida e da festa que o pai organiza para o filho que volta para casa. Sinais de subversão: é Deus quem se empenha para preencher a distância, para reconciliar.

Se sou amado, assim permaneço, ainda que erre ou me sinta culpado. A culpa é um incidente que não prejudica o projeto que Deus tem para mim, e, por isso, ele, que me ama desde sempre, quando caio ou me perco, vem me buscar. Assim, nas palavras do Papa Francisco: "Nada que um pecador arrependido coloque diante da misericórdia de Deus pode ficar sem o abraço do seu perdão. É por este motivo que nenhum de nós pode pôr condições à misericórdia; esta permanece sempre um ato de gratuidade do Pai celeste, um amor incondicional e não merecido. Por isso, não podemos correr o risco de nos opor à plena liberdade do amor com que Deus entra na vida de cada pessoa. [...] A misericórdia *renova e redime*, porque é o encontro de dois corações: o de Deus que vem ao encontro do coração do homem. Este inflama-se e o primeiro cura-o: o coração de pedra fica transformado em coração de carne (cf. Ez 36,26), capaz de amar, não obstante o seu pecado. Nisto se nota que somos verdadeiramente uma 'nova criação' (Gl 6,15): sou amado, logo existo; estou perdoado, por conseguinte renasço para uma vida nova; fui 'misericordiado' e, consequentemente, feito instrumento da misericórdia" (*Misericordia et misera*, n. 2, 16).

O endemoninhado de Cafarnaum

Depois de passar pela casa de Simão, Jesus continua sua viagem. Ele iniciou sua missão há pouco tempo e está pregando pelos vilarejos e cidades. O evangelista Marcos, que é o mais breve, sintetiza todo o anúncio do Evangelho na primeira e concisa afirmação de Jesus: "Completou-se o tempo, e o Reino de Deus está próximo. Convertei-vos e crede na Boa-Nova" (Mc 1,15). Logo depois, por meio do encontro com a história real de uma pessoa que sofre, Jesus nos faz ver plasticamente essa proximidade de Deus. O Evangelho não é um conjunto de belas palavras, mas sim um fato que muda sua vida: a proximidade de Deus, que liberta você do mal. Mais precisamente, em

Deus a palavra coincide com a ação, é sempre uma palavra criativa que, quando anuncia a libertação do mal, realiza ao mesmo tempo um gesto real para que essa libertação aconteça.

De fato, pode-se ver que, no início de seu Evangelho, Marcos nos apresenta um dia típico de Jesus, que é chamado de "o dia de Cafarnaum". Seguindo Jesus nesse dia típico, podemos captar sua abordagem em relação à vida. O Cardeal Martini oferece algumas reflexões particularmente iluminadoras sobre esse tema, traçando o modo como Jesus geria seu tempo, as prioridades que escolhia seguir, sua liberdade na gestão dos dias e das relações, de forma a não ser simplesmente escravo das circunstâncias. E o cardeal afirma que, de modo particular, os Evangelhos nos mostram cinco aspectos aos quais Jesus parece dar prioridade: o cuidado dos enfermos, a pregação do Reino, os encontros, a oração e a amizade. São aspectos que resumem a boa notícia do Evangelho: ele veio anunciar e trazer a amizade de Deus, que nos cura de todas as nossas enfermidades.

O dia típico de Cafarnaum, então, nos permite ver uma espécie de "modelo", um exemplo de como Jesus vivia seus dias, para nos dar a conhecer em que consiste sua obra. E fica claro: Jesus ensina, isto é, anuncia a Palavra, e depois cura, ou seja, liberta o ser humano do poder do mal. Trata-se de duas ações que estão estreitamente conectadas em Jesus: quando Deus fala, cria. Quando diz, faz. Quando profere sua Palavra, eis que imediatamente realiza o que está dizendo.

Não é assim para nós: dizemos muitas coisas, mas, muitas vezes, não conseguimos fazer as ações coincidirem com o que dizemos. As nossas palavras às vezes são excessivas, às vezes insuficientes, às vezes ideais demais, às vezes expressam projeções e desejos ou desencanto, raiva e desilusão. E, ao mesmo tempo, as nossas escolhas, as ações, os gestos da vida cotidiana frequentemente são menores do que as nossas palavras e, às vezes, não põem fé nos nossos propósitos. Essa é a distância que carregamos dentro de nós, uma ferida, uma fragmentação que gostaríamos que fosse reconciliada. O endemoninhado, não por acaso, é um homem dividido: diabo significa divisão. São Paulo diz: "De fato, estou ciente de que o bem não habita em mim, isto é, na minha carne. Pois querer o bem está ao meu alcance, não, porém, realizá-lo. Não faço o bem que quero, mas faço o mal que não quero" (Rm 7,18-20).

Essa situação nos pertence profundamente e evidencia a convivência entre o bem e o mal. O contexto da passagem nos faz entender isto: o endemoninhado está dentro da sinagoga, que também é um espaço sagrado. E, portanto, é um homem que reza, um homem religioso. Aqui também, então, temos um espaço sagrado que foi violado, alguém o invadiu: o homem possuído, porque entrou nele; Jesus, porque se aproxima e se dirige a ele. Portanto, o Evangelho nos permite olhar de um modo novo para nós mesmos, para os outros e para a realidade: não existe o "tudo branco" ou "tudo preto", "tudo puro" ou "tudo impuro", "tudo santidade" ou "tudo pecado". No campo da nossa vida e do mundo em que vivemos, o trigo bom existe junto com o joio, a luz ofuscada pela escuridão, a fidelidade misturada com a infidelidade, a generosidade ameaçada por pontas de egoísmo. E, às vezes, esses aspectos tão antitéticos convivem em nós de uma forma tão entrelaçada e imperceptível que nem percebemos. A tarefa da pessoa espiritualizada não é alcançar a pureza ou a perfeição, mas sim discernir dentro do rio da própria vida o que é água corrente e o que, ao invés disso, é obstáculo que impede seu fluxo.

Na sinagoga, enquanto está falando, Jesus reconhece uma voz que o perturba. É uma voz que grita, que gostaria de impedi-lo, que afirma com prepotência: "O que quer de nós? Veio para nos arruinar, por acaso?". Este é o cerne do trecho do Evangelho: a cura que Jesus realiza, de fato, consiste em calar essa voz com um comando de autoridade: "Cale-se, saia dele". Na nossa vida, há muitas vozes que tentam afastar-nos de Deus, de nós mesmos e dos outros; vozes que nos perturbam e que gostariam de impedir o bem e o nosso crescimento.

Há vozes que certamente perturbam a nossa relação com Deus. A notícia inesperada e surpreendente de que ele se aproxima de nós com o dom de um amor gratuito muitas vezes se despedaça ao entrar em contato com a realidade nua que vivemos dentro de nós e ao nosso redor. E uma voz, então, diz: "O que esse Deus tem a ver com a minha vida fatigante de todos os dias? Será de verdade? Se eu errar, ele vai me castigar? Por que não me escuta, mesmo quando eu imploro? E por que não intervém?". No entanto, não são essas as piores vozes que exigem espaço dentro de nós. Essas perguntas podem ainda ser o sinal de uma busca humana e espiritual inquieta, e são, no fundo, perguntas que encontramos nas páginas bíblicas, sob a forma de oração e de grito, nos Salmos, assim como na boca de muitos profetas.

As piores vozes, ao invés disso, são aquelas que se levantam dentro de nós como espíritos impuros e nos atormentam, como acontece com esse homem na sinagoga. São vozes que vão abrindo caminho lentamente em nós, mesmo sem nos darmos conta, e que, aos poucos, nos levam à pior condição da nossa vida: não estarmos reconciliados com nós mesmos, não nos sentirmos em casa, não conseguirmos acolher-nos, amar-nos e nos abraçarmos assim como somos. Carregamos dentro de nós o lamento e, eventualmente, a violência de uma voz sutil, às vezes imperceptível, que acompanha os passos e as experiências da vida e da fé, infundindo-nos um veneno mortífero: você não vai conseguir, você não é digno, você não é capaz, certamente vai dar errado, é melhor deixar como está. Essas vozes abrem espaço ao medo, ao desânimo, à depressão, que nasce do fato de não nos sentirmos amados. Outras vozes querem nos convencer de que a nossa felicidade está nas coisas que possuímos: "Você deve ganhar, deve ser o primeiro, deve vencer sempre, deve ter sucesso". E ainda outras vozes poluem as nossas relações: "Esta pessoa não me quer bem, não me ama, é má, pensa mal de mim". E crescem em nós as suspeitas, a inveja, a desconfiança, o ódio.

E, diante desse rio submerso que corre dentro de nós, às vezes silenciosamente e outras vezes com grande tumulto, destaca-se a atitude de autoridade, livre e severa de Jesus. Ele reconhece a voz do endemoninhado que o perturba e o expulsa. Expulsar as vozes negativas que nos condicionam e nos envenenam é um importante exercício espiritual, que contribui para a nossa higiene interior. Jesus diz: não alimente as vozes negativas dentro de você. Não dê espaço a elas. Não as torne maiores. Não permita que elas o possuam. Ao contrário, estabeleça limites, detenha-as, mantenha-as longe: "Cale-se, saia!". Jesus cala a voz que o perturba, coloca-a em seu devido lugar, em vez de lhe dar o primeiro lugar.

É curioso notar nos Evangelhos como o demônio muitas vezes diz a verdade. Obviamente, diz a verdade para enganar e para espalhar depois uma grande mentira, mas, ao mesmo tempo, é capaz de reconhecer quem realmente é Jesus e, justamente por isso, tenta impedi-lo. No episódio que ocorre na sinagoga, o endemoninhado pergunta a Jesus se ele veio para o arruinar. É verdade: Jesus veio para arruinar tudo o que o espírito impuro constrói dentro de nós; veio para arruinar o que arruína o ser humano; veio para demolir as nossas prisões e para nos libertar. E todos ficam admirados com essa autoridade de Jesus: sua palavra, sua presença, seus gestos têm autoridade por um único motivo: dirigem-se ao ser humano e à sua libertação. São palavras e sinais que realizam uma ação de salvação do mal. São vestígios da presença de Deus, que agora se fez verdadeiramente próximo. De fato, a palavra de Jesus tem autoridade porque, ao ser pronunciada, traz um benefício a quem a escuta, mostrando-se crível e verdadeira. Qual palavra, de fato, tem autoridade? Como afirma Alessandro Pronzato, "gostaria de dizer que há um modo seguro para verificar se ela vem do alto: controlar se vai para baixo, ou seja, em direção ao ser humano, como elemento de libertação e de crescimento, e não de poder e de manipulação".

A Palavra de Jesus expulsa em nós aquela voz mortífera e devastadora que quer anular a voz do Espírito.

A Palavra de Jesus é Palavra que cala o mal em nós, que expulsa aquilo que se opõe à voz do Espírito, que liberta, cura e transforma o coração.

Hoje, mais do que nunca, somos chamados a entrar na sinagoga do nosso coração. Aqui está a presença de Deus, que se esconde e se revela no meio das nossas fragilidades, dos nossos fechamentos, das nossas fraquezas. Aqui descobrimos que somos luz e trevas, que estamos abertos ao infinito e fechados nos nossos pequenos medos ou inseguranças. Aqui descobrimos que somos o eterno, mas também seu contrário. Aqui tocamos com a mão a distância que nos dilacera e fazemos a experiência da graça de Deus e do nosso pecado. Aqui podemos ouvir todas as vozes negativas que se agitam em nós e, abrindo as nossas portas à presença de Deus e à Palavra do Evangelho, podemos opor a elas palavras necessárias. Palavras que libertam e salvam, palavras que calam o mal, palavras que encorajam e elevam.

Quando reconhecemos as vozes que nos bloqueiam, podemos então recomeçar. Nesse momento, é possível partir de novo, confiando essas potências negativas àquele que tem o poder de me reconciliar comigo mesmo, de me perdoar, de curar as feridas e, sobretudo, de calar aquilo que quer humilhar-me.

Na oração, cada um pode dizer com simplicidade: "Em nome de Jesus, cale-se e saia de mim". E iniciará um caminho de transformação.

Transformação

O Cardeal John Henry Newman afirmou que "viver aqui na terra é mudar, e a perfeição é o resultado de muitas transformações". Trata-se de palavras simples e incisivas que nos convidam a olhar para nós mesmos, para a realidade que nos rodeia e para o mistério da vida, saindo de uma postura estática e de imobilismo: a vida não é um museu para organizar e conservar coisas, mas sim um rio que corre, uma estrada a percorrer, uma viagem a fazer, uma passagem a atravessar. E, nesse caminhar lento, mas progressivo, todos os dias deixamos para trás e debaixo da poeira dos nossos pés aquilo que acolhemos, encontramos e vivemos, para nos abrirmos a novos horizontes, singrarmos outros mares, visitarmos outros lugares. Assim é também a vida no espírito, sobre a qual o grande teólogo Henri de Lubac dizia: "Parar é simplesmente impossível".

Grande ensinamento de Jesus, que se dirige ao coração da vida: o que não muda, corrompe-se; aquilo que não se transforma, torna-se fixação, ideologia, rigidez. É por isso que nos tornamos pessoas humanas quando permanecemos a caminho, crescemos, arriscamos a vida e assumimos a tarefa de fazer escolhas decisivas, com a coragem de quem sai de si mesmo, atravessa as fronteiras, olha para o futuro e, em razão disso, não permanece prisioneiro dos hábitos.

O hábito, essa perigosa doença da alma, que pode paralisar o espírito e sua criatividade, nos pertence. Às vezes, é simplesmente inevitável, às vezes, também é necessário para não sermos forçados a redefinir todos os dias as atividades normais da nossa vida comum, mas também é verdade que parece ser o contrato que assinamos contra a nossa liberdade, que pode tornar-nos escravos, a corrente mais difícil de quebrar, a mesa de cartas da vida mais fatigante de derrubar. Romper os hábitos, principalmente quando estão enraizados em nós e nos fecham na nossa zona de conforto e na segurança "daquilo que sempre fizemos", é a revolução mais difícil e mais importante da nossa vida.

No entanto, o hábito é a prisão que construímos para nós mesmos. A pior prisão, muitas vezes, é aquela que nós mesmos erguemos, com suas grades dentro de nós. E, às vezes, desejamos nela entrar para não sermos mais incomodados pelo poderoso movimento dos nossos desejos interiores, pelo outro que me incomoda, por um

Deus que me provoca e, em geral, pelo poderoso e irrefreável fluxo da vida.

Retomando as sugestivas meditações do Cardeal Martini sobre a vida de Moisés, poderíamos dizer que o hábito, que gera a transigência em relação ao compromisso e ao equilibrismo de quem não se deixa afetar, é o faraó que habita dentro de nós. De fato, o faraó – afirma o cardeal – é um homem gentil, inteligente, habilidoso, que sabe tratar e ir ao encontro dos outros e, portanto, é atraente. Ao mesmo tempo, é um homem cheio de condicionamentos, condicionado, sobretudo, por seus privilégios e por sua posição. Assim, dentro de nós, quando somos condicionados por nosso papel, pela imagem que devemos mostrar ao exterior, pelo julgamento dos outros, deixamo-nos seduzir pela "gentileza" dos hábitos e dos compromissos, eles vêm ao nosso encontro propondo-nos uma trégua, oferecendo-nos um confortável leito para cochilarmos tranquilamente, um anestésico para a alma.

É compreensível. Permanecer enraizado nas próprias seguranças e nutrir-se apenas dos hábitos consolidados é uma forma de sobreviver ao impacto muitas vezes violento da vida. O risco, porém, é que dar ao nosso caminho essa direção sempre igual, predefinida, desprovida da surpresa das incertezas, mais cedo ou mais tarde, leva a nossa alma a *habituar-se* a tudo. Habituamo-nos à monotonia que pode assolar a nossa vida, ao poder da rotina, à quantidade de mensagens e estímulos que são despejados na nossa alma diariamente, vindos de todas as partes, e em relação aos quais não ativamos mais filtros críticos; habituamo-nos à vida assim como ela é, ao fato de as coisas não poderem ser mudadas, aos ritmos que nos devoram. Habituamo-nos ao outro, ao próximo que amamos, a ponto de não sabermos mais nos surpreender com sua presença; e nos habituamos à degradação, à violência, à guerra, a tudo o que invocaria um sobressalto de humanidade e de profecia e que, ao invés disso, simplesmente se tornou "normal".

Os hábitos são o maior obstáculo às mudanças. Mesmo que alguns deles sejam importantes e nos ofereçam certa estabilidade, quando se enraízam em nós e se transformam no muro rochoso ao qual nos agarramos com todo o nosso ser para nunca mais soltarmos, eles tornam-se a antessala de toda a nossa rigidez e dos nossos fixismos. É como se nos encontrássemos por um longo tempo em uma pequena sala com uma pequena abertura para fora: olhando o mundo a partir de uma perspectiva tão estreita, acabamos acreditando que, no fim, ele é realmente assim. Ampliar a visão, escutar com docilidade aquilo que soa como novo ao nosso modo de ser e de pensar, permitir que nosso esquema habitual seja de algum modo provocado e subvertido, é como escancarar os olhos para observar tudo a partir de perspectivas diferentes.

E, então, tem início a mudança, a abertura ao novo, o frêmito inesperado da descoberta, a coragem de explorar novas margens. Nesse momento, abrimos tempos e espaços dentro de nós, para que ocorram as transformações e as transições que impulsionam a nossa vida para a frente e a enriquecem de significados.

A coragem de mudar

No centro da espiritualidade cristã, está a promessa bendizente de Deus, que, com seu amor, quer vir transformar a nossa vida e o mundo em que vivemos. Por isso, o tema da conversão é central na espiritualidade cristã: fazer a experiência do encontro com Deus, para mudarmos o olhar sobre nós mesmos e sobre a vida, para nos deixarmos transformar, para eliminarmos o fermento velho e nos tornarmos pessoas novas, que renovam o mundo e curam as feridas da história.

Todas as vezes que a fé perde esse dinamismo interno, essa sua aptidão de se pôr a caminho e de encorajar a viagem, esse seu talento para desencadear mudanças, não é mais a fé cristã. Talvez seja uma religiosidade adocicada, que acaricia e conforta os amedrontados; talvez seja uma espiritualidade idílica, desencarnada, que aquieta o espírito e dá paz, mas não punge, não incomoda, não provoca terremotos de nenhum tipo e, no fim, deixa tudo como está. A fé cristã, por sua vez, ativa as dinâmicas da conversão: a coragem de mudar.

É bom voltar à palavra "transformação", para captar suas nuances diferentes, mais suaves e menos violentas, em comparação com o que comumente entendemos por conversão, bem como às conotações que essa palavra assumiu ao longo do tempo, dentro dos becos sem saída de uma certa linguagem eclesial ou moralista.

No coração das Escrituras, quando se narra a experiência do povo com o mistério santo de Deus, também há transformação. O salmista reza: "Mudaste em dança meu lamento" (Sl 30,12). E, a partir dessas palavras, compreende-se que o caminho da fé é uma permanente transformação da nossa vida.

Essa palavra é pouco usada na nossa linguagem, na catequese e na própria pregação cristã, mas contém aspectos particularmente ricos, sobretudo pela afinidade com a palavra "conversão" e, ao mesmo tempo, por aquela diversidade que a distingue. Quando falamos de conversão no sentido evangélico do termo, referimo-nos a uma "mudança de mentalidade" e, portanto, a uma "mudança de direção da nossa vida". O fato de ter insistido em aspectos marginais da vida moral, sob o pano de fundo dos vícios e das virtudes, transmitiu muitas vezes a ideia de que se converter significa fazer todos os esforços necessários – com ascetismos e práticas diversas – para erradicar algo de errado dentro de nós. Não queremos negar que esse trabalho também faz parte de um processo de conversão, mas é preciso pôr o tema novamente no centro: conversão significa, acima de tudo, começar a olhar a própria vida a partir da perspectiva de Deus e do ângulo de sua Palavra, mudando, portanto, a forma de pensar e de ver, isto é, mudando o modo de ver e de interpretar a nós mesmos, as coisas de todos os dias, a vida dos outros, o caminho geral da nossa existência. É essa mudança, então, que implica – e, às vezes, produz de forma natural – uma modificação dos nossos modos de ser, das nossas ações, das nossas escolhas, das nossas atitudes.

Na verdade, por isso, a impressão que se tem é que os próprios fiéis recebem a palavra "conversão" como uma espécie de pedra que é jogada contra eles. Palavras como "conversão", pelo fato de serem usadas e às vezes mal interpretadas, tornaram-se, de fato, contraproducentes. A primeira coisa que as pessoas pensam é: não estou bem, há algo em mim que não está certo e, portanto, para eu ser uma boa pessoa e um bom cristão, tenho que mudar.

Mas tal convicção pode ser prejudicial para a serenidade da vida espiritual e para a vida psíquica, e até contraproducente para o caminho da fé. Pensar – mesmo que apenas implicitamente – que você não está certo, que está errado de alguma forma, até chegar ao ponto de não conseguir acolher as próprias fragilidades e as próprias zonas de sombra, significa expressar um julgamento negativo sobre sua própria pessoa e sobre sua própria vida. Mas o cerne da boa notícia – que, de outra forma, não seria nada boa – é o oposto: eu sou amado, sou filho, sou bem-vindo, sou imagem de Deus. Então, como posso me julgar tão negativamente?

Da mesma forma, o "tenho que mudar" que se segue àquele juízo de valor é um imperativo moral que tem todo o peso de um jugo nada leve, ao contrário daquele que Jesus nos prometeu. É uma espécie de obrigação que me vem de fora, que pesa sobre mim, que reforça o meu esforço e o meu dever e, no fundo, me empurra para a violência contra mim mesmo.

Temos certeza de que a palavra cristã da conversão quer dizer isso? Quando o Senhor me convida à conversão, está me dizendo que não estou certo, que estou errado e que, portanto, devo mudar?

Em suma, também em relação a essa palavra, precisamos descobrir a boa notícia do Evangelho. Porque a fé cristã, com as palavras "conversão" e "mudança", pretende dizer algo diferente: não que "você está errado e deve mudar", mas, sim, que "você é muito mais, deixe-se transformar". Santo Agostinho traduziu essa ideia ao

Recomeçar: palavras necessárias para tempos difíceis

afirmar que o nosso coração é feito para Deus e, portanto, para algo grande, para uma vida plena, para uma alegria sem fim, para a eternidade. E essa é a sã inquietação que carregamos dentro de nós. Mas, ao mesmo tempo, muitas coisas, dentro e fora de nós, nos impedem de fazer essa viagem, dificultam-na, atrasam-na. A mensagem, então, é esta: não se contente, não baixe a guarda, não se habitue, assumindo a forma daquilo que você é e daquilo que você vive como se fosse o melhor possível: você é muito mais, deixe-se transformar!

O que é a fé? Acolher aquele que acredita em você e que, para fazê-lo ir mais longe, transforma seu coração e muda sua vida: Jesus. Não há outra coisa.

Quando acolhemos o Senhor na nossa vida, é ele quem nos transforma por dentro, sem violência, acompanhando-nos com doçura, dando-nos a mão, respeitando o nosso tempo. Deus não força nada e nos faz progredir lentamente. Acaricia os nossos limites, acolhe-os e transforma-os lentamente. Por isso, caminhar na fé nada mais é do que se deixar transformar pelo Espírito Santo para se tornar, a cada dia, a imagem resplandecente e maravilhosa que Deus tem de você. E viver plenamente.

Naquilo que frequentemente entendemos por "mudança", existe, portanto, um elemento de violência e de agressividade, enquanto a transformação é um processo mais doce. Quando acreditamos que temos que mudar e modificar continuamente a nós mesmos, por trás dessa ideia, está a convicção de que, assim como somos, não estamos indo bem. Transformar, em vez disso, significa: tudo em mim tem direito de existir, até mesmo as minhas paixões, as minhas doenças, as minhas fragilidades; eu me aprecio por ser como sou. No entanto, também sinto uma profunda nostalgia de outra coisa; há no meu íntimo o pungente desejo de algo que me satisfaça e me alimente; trago no coração sonhos sobre mim, percebo que tenho muitos dons enterrados dentro de mim e que ainda não sou completamente a pessoa que poderia ser. Mudar é ser outra pessoa: nada de mais equivocado. Transformar, ao invés disso, é ser mais plenamente eu mesmo, porque, enquanto me transformo, até mesmo por meio de cortes radicais, na realidade me aproximo daquilo que corresponde mais ao meu eu mais autêntico.

Quando me abro à transformação que Deus quer realizar em mim, não pretendo ter tudo sob controle: abro-me à confiança de que tudo tem um sentido e que, se sou dócil, o Senhor me molda, me modela, me transforma, até mesmo a partir dos meus limites.

A vida cristã – como nos lembra o Papa Francisco muitas vezes – não é uma vida perfeita, estática, em que tudo está organizado. Ao contrário, é uma vida inquieta, porque muda todos os dias, converte-se todos os dias, transforma-se todos os dias. Porque, como afirmava o escritor John Augustus Shedd, "os barcos estão seguros no porto, mas não foi para isso que foram construídos".

Olhando para as Escrituras, o tema da transformação é tratado especialmente por São Paulo, que escreve: "Não vos conformeis com este mundo, mas transformai-vos, renovando vossa maneira de pensar e julgar, para que possais distinguir o que é da vontade de Deus, a saber, o que é bom, o que lhe agrada, o que é perfeito" (Rm 12,2). A antítese criada nessas palavras é extraordinária: a transformação, de fato, é o contrário da conformação. Quem nunca muda na vida e não se deixa transformar acaba se conformando, se acomodando, assumindo a forma dos hábitos e das obviedades. Quando, por comodidade, por preguiça ou por falta de liberdade interior, vamos aonde todos vão, pensamos com a cabeça dos outros, deixamos que o ambiente ao nosso redor imagine a vida em nosso lugar, escolhemos de acordo com as indicações da massa, então somos conformistas. O cristianismo, por outro lado, é anticonformista. Não por moda, mas apenas porque acredita que quem vive de verdade é quem não tem medo de mudar. Libertar-nos do medo de mudar, de desenvolver um pensamento autônomo, de fazer escolhas ousadas e contra a corrente: é para isso que deveria servir a Palavra do Evangelho, é esse o fogo que ela deveria acender em nós.

Ao longo do caminho, é bom fixar em nós as imagens de transformação que permeiam as Escrituras, deixando--as falar à nossa vida. A imagem do mar que se transforma em terra seca, quando os israelitas têm que atravessá-lo, por exemplo, nos comunica que Deus transforma o perigo mortal em um caminho de salvação, e, por isso, a minha ameaça ou situação de fraqueza mais grave também pode tornar-se uma experiência de Deus e de vida nova: toda mudança na minha vida, de fato, exige que algo morra. A rocha, que é transformada por Deus em uma fonte de água ao entrar em contato com o cajado de Moisés, quando o povo tem sede, nos comunica que Deus sempre tenta mudar a rigidez da pedra, que pode ser um símbolo do nosso coração endurecido. E, para que ele se torne um fluxo de água fresca, imagem do Espírito Santo, às vezes, é necessário "um golpe de bastão", ou seja, que alguém ou algo nos sacuda, nos desperte, mexa um pouco com o nosso coração. Mesmo quem se põe a seguir Jesus, tornando-se seu discípulo, deixa-se transportar por uma aventura que o transforma: Mateus abandona o banco, com o dinheiro; Pedro, Tiago e João abandonam as redes. Às vezes, para modificar a nossa vida, há coisas que devemos deixar para trás, abraçando algo novo. Da mesma forma, todas aquelas pessoas que Jesus toca são curadas, ou seja, a vida se transforma, e a doença torna-se lugar da manifestação do amor de Deus, transmutando-se em vida.

Jesus dá vida a transformações que abrem novas passagens e novas possibilidades na existência das pessoas que encontra. E, antes de morrer, transforma o pão e o vinho para nós. Ainda hoje, na Eucaristia, ocorre o milagre dessa transformação: somos transformados e nos tornamos corpo e sangue do Senhor. Tudo, em contato com o mistério de Deus, nos leva novamente a nos perguntarmos: "E eu? O que eu gostaria que fosse transformado na minha vida?".

O paralítico curado

Os relatos de cura são episódios de transformação. O cego, o leproso, o paralítico, o pecador são sinal de que todas aquelas pessoas, que entraram em contato com Jesus, são transformadas e curadas para uma vida nova. O anúncio do Reino de Deus é acompanhado por esses sinais, que inauguram um mundo novo no qual a carne do leproso é curada, os olhos do cego voltam a se encantar com a luz, um paralítico dança ao sol carregando a própria maca por aí. É o mundo renovado e transformado que Deus inaugura na terra ao enviar Jesus, o Messias.

Entre esses relatos, há um bastante curioso, que diz respeito a um paralítico curado. No Evangelho de Marcos, essa é a primeira de um grupo de cinco passagens que o evangelista narra para trazer à tona um crescente encontro-confronto; o encontro com as multidões, que ficam maravilhadas e creem em Jesus, e o confronto com as autoridades – escribas e fariseus –, que, por sua vez, não se deixam transformar pelo encontro com ele, tornando-se os verdadeiros "paralíticos". Esse encontro-confronto é claramente visível nos detalhes do trecho, que nos narra uma cura que ocorreu de um modo quase surreal e certamente criativo.

O primeiro detalhe é expressado por uma anotação simples: "Trouxeram-lhe um paralítico, carregado por quatro homens" (Mc 2,3). Quem está paralisado não pode mover-se sozinho, é de alguma forma obrigado a se apoiar nos outros, mas essa situação, em um mundo como o de hoje, que exige que tenhamos um bom desempenho e sejamos eficientes a todo custo, é vista como fraqueza e, às vezes, é vivida com vergonha. Um obstáculo para a transformação da nossa vida, para que as coisas mudem, para que cresçamos, é essa obstinação em conseguirmos fazer tudo sozinhos, tendo também o cuidado de fazer todo o possível para que ninguém veja as nossas fragilidades.

Desperdiçamos muitas energias tentando demonstrar ao mundo exterior que está tudo bem e que não há rachaduras. Como bem escreveu o monge beneditino Martin Werlen, muitas vezes somos tentados a manter as fachadas brilhantes, mesmo quando, por trás delas, se esconde a podridão ou algo a ser mudado. Deveríamos ter mais cuidado com a vida que está por trás da fachada, em vez de apenas mantermos o exterior limpo. É por isso que a primeira anotação desse trecho do Evangelho diz respeito aos quatro amigos que ajudam o paralítico: as coisas começam a mudar e ocorre alguma transformação em nós quando temos a humildade e a coragem de nos deixarmos acompanhar pelos outros, até mesmo pedindo ajuda, se necessário. Um amigo, uma pessoa de referência, um guia espiritual representam para mim os quatro amigos que, quando estou paralisado, me levam a Jesus; conduzem-me, acompanham-me, lutam comigo pela minha mudança. Sozinhos, não podemos salvar-nos: é uma grande lição do cristianismo, que também podemos aprender por meio de muitos acontecimentos da nossa vida e da nossa sociedade, e, não por último, pela pandemia da Covid-19, que nos fez tocar de perto o sentido extremo da solidão e da morte.

Nesse ponto, o trecho do Evangelho torna-se até curioso. Mostra a criatividade e a engenhosidade dessas quatro pessoas. Ao verem a numerosa multidão de pessoas na frente da entrada da casa, que, portanto, está bloqueada, elas procuram outro caminho. Não se rendem ao primeiro obstáculo, não desanimam diante das dificuldades, não se fecham no pessimismo, mas dão vazão a toda a sua imaginação. São engenhosas e não têm medo de se expor ao ridículo diante dos outros; ao contrário, ignoram os possíveis comentários sobre elas. Aqui não nos é dito nada sobre o paralítico, mas podemos imaginar que ele estava de acordo, pelo menos em certa medida, com essa escolha de seus amigos. Certamente, queria encontrar Jesus para se curar, talvez até ele mesmo tenha sugerido isso aos quatro amigos: inventem alguma coisa, nem que seja arrancar o telhado! De todos os modos, Jesus admira a fé desses quatro amigos. Isso significa que a fé não é uma roupa velha e empoeirada que temos que tirar do armário de vez em quando, mas é algo que tem a ver com a criatividade, com o movimento da imaginação e da inventividade. Se olharmos para essa inventividade dos quatro amigos do paralítico, podemos dizer que a fé não é algo estático, mas é se pôr em jogo, tentar, arriscar, até mesmo com uma pitada de loucura: se você não arriscar alguma coisa, nenhuma transformação poderá ocorrer em sua vida.

Observando o telhado descoberto, podemos também nos deixar inspirar por algo extraordinariamente sugestivo: para permitirmos que a nossa vida seja transformada, devemos levar a Jesus a nossa paralisia; mas, para levar a nossa paralisia a ele, devemos "remover o telhado" da nossa vida. Isso significa que, se desejamos a transformação de algum aspecto de nós mesmos, de algo da nossa vida ou das nossas relações, o primeiro passo a dar é não negar a nossa paralisia, não camuflar a nossa dificuldade, não mascarar a nossa fragilidade, não travestir de modo algum aquilo que carregamos dentro de nós mesmos. Devemos levar a Deus tudo o que somos, na verdade. A transformação ocorre quando temos a coragem de olhar de frente a verdade sobre nós mesmos; quando descobrimos uma abertura naquela situação ou naquele aspecto que até ontem era um telhado impenetravelmente fechado; quando temos a coragem de "cair" do alto da nossa aparente tranquilidade até o ponto mais baixo, que são os pés de Jesus.

Para viver uma transformação, é preciso descobrir o nosso coração e a nossa alma, deixar tudo sair, esclarecer as coisas, dizer a verdade sobre nós mesmos. Se trapaceio, se me escondo, se visto uma máscara, se me encastelo atrás dos meus álibis ou das minhas justificativas, fico paralisado. Por fim, há outro significado: às vezes, para a transformação da nossa vida, não basta um compromisso "horizontal"; não conseguimos entrar normalmente pela porta, a entrada está impedida por um obstáculo maior do que as nossas forças. Precisamos fazer um buraco por cima. Ou seja, apelar à graça que vem de Deus. Ao Espírito Santo.

Finalmente, o Evangelho nos mostra a atitude de Jesus. Ele intervém de modo estranho, porque, primeiro, em vez de libertar o corpo daquele homem da paralisia, anuncia a remissão dos pecados; em vez de dizer "eu te curo", diz "eu te perdoo". Naturalmente, está subentendida aqui uma polêmica do evangelista Marcos em relação às autoridades religiosas, que pensavam que uma enfermidade física como aquela resultava do pecado e, portanto, era uma punição de Deus. Subvertendo essa imagem tão cruel de Deus, Jesus afirma: "Seus pecados estão perdoados, você é um perdoado, você está livre do pecado, mesmo que esteja paralisado". Em suma, Jesus não pretende realizar a cura física, mas sim dizer que esse homem – mesmo que esteja fisicamente paralisado – é amado por Deus, e não castigado ou rejeitado. Mas essa polêmica religiosa tem para nós outro significado: a verdadeira paralisia que bloqueia a nossa vida não é a do corpo, mas sim a interior. O que me paralisa, isto é, o que me impede de me mover, de mudar, de me transformar muitas vezes tem a ver com os meus medos, as minhas ansiedades, a falta de coragem, a perda de liberdade ou mesmo, simplesmente, com o fato de eu ter me acomodado no meu conforto. Portanto, mesmo rejeitando a ideia de que esse homem esteja paralisado por um castigo de Deus, Jesus nos diz que a verdadeira paralisia, que impede toda transformação, é o pecado: paralisa as relações, as escolhas, a liberdade e, enfim, tira-nos a alegria. O perdão de Jesus torna-se, então, como um golpe de remos em um barco imóvel, um vento que empurra as velas da minha vida. Suscita uma transformação em mim.

No fim, Jesus realiza também o milagre físico para responder à dureza e à incredulidade das autoridades religiosas: eles são os verdadeiros paralíticos que não se movem diante de Deus. Não querem ser transformados por Jesus e, por isso, permanecem paralisados.

E as palavras de Jesus nos fazem compreender a potência desse milagre. A esse homem, Jesus diz sobretudo "levante-se", que é o verbo da ressurreição. É um convite a ressurgir, porque quem permanece paralisado, quem não se move, quem não decide, quem não muda, na realidade, já está morto.

Depois, Jesus o convida a tomar o seu leito, e podemos perguntar o porquê de um convite tão estranho, visto que, uma vez desaparecida a paralisia, o leito não serve para mais nada. Em vez disso, é uma advertência extraordinária: faça memória da paralisia que o manteve amarrado. Ser transformado não significa tornar-se outra pessoa, quase expulsando com violência os aspectos e os traços que me pertenciam, iludindo-me de poder, assim, fechar as contas da minha vida passada. Na realidade, as feridas e cicatrizes permanecem, mesmo depois da cura, e são um importante testemunho tanto da transformação ocorrida quanto daquilo que me prende e corre o risco de me fazer mal. Transformação significa: as coisas mudam, mas sou sempre eu. A lagarta se torna borboleta, mas nunca será um elefante. Se fui curado de uma paralisia, hoje conseguirei ficar de pé sozinho, amanhã conseguirei dar alguns passos a mais, mas talvez nunca serei um campeão de atletismo. Então, fazer memória da paralisia redimida e curada me mostra o sentido autêntico e humilde da minha situação. A ferida, hoje curada, lembra-me do que bloqueou a minha vida e qual é o âmbito, a dimensão, o aspecto em que sou mais vulnerável, mais exposto, mais frágil: é um "lugar" da minha vida que exige mais prudência, mais atenção, mais delicadeza.

Quando o Senhor nos cura, ele também nos diz: carregue debaixo do braço sua fragilidade, seu medo, sua culpa, seu defeito, seu vício, e leve-os sempre com você. Assim, não os esquecerá.

Olhemos sem medo e sem vergonha para as nossas paralisias. Descubramos o teto impenetrável das nossas ficções, das aparências e do orgulho. Tentemos levar a Deus as nossas paralisias, também com a ajuda de quem nos é próximo: o que nos impede de caminhar com liberdade, de sermos livres, de sermos verdadeiramente nós mesmos, de vivermos o amor aos outros. Talvez sejam coisas pequenas, mas elas nos amarram.

Por isso, precisamos, hoje e sempre, ser transformados.

Inquietação

É conhecida a expressão com que o Pe. Abbondio, no famoso romance de Alessandro Manzoni, *Os noivos*, se encastela atrás de sua pávida escolha: "Se alguém não tem coragem, também não pode dá-la". Na boca do pároco, a expressão justifica e esconde o medo diante do poder constituído e manifesta aquela "neutralidade" que, por trás da aparência de uma vida tranquila e de uma "paz a ser mantida", corre o risco de ser uma das artes mais anticristãs: de fato, ela alimenta a atitude de quem não se posiciona, não toma partido, nunca se compromete, para poder sempre flutuar. E, assim, alimenta as injustiças e as trevas do mundo.

Qual é a pior coisa que nos pode acontecer na vida? A resposta a esta pergunta, dependendo das nossas percepções interiores, pode ser muito variada. Mas, se existe uma doença da alma que, talvez mais do que outras, corre o risco de sugar as melhores energias da nossa vida, extinguindo o entusiasmo, matando os sonhos, entregando-nos à prisão da monotonia, é a ausência de inquietação. É a inquietação que nos põe em movimento e, especialmente diante das muitas dilacerações e feridas da nossa sociedade, nos faz experimentar uma sensação de desconforto, um protesto da alma, uma "santa ira" que nos move e nos leva a agir. Isso também acontece com os aspectos mais pessoais e íntimos da nossa vida: sem inquietação, não vemos mais o que flui dentro de nós, rendemo-nos ao fluxo das coisas, acomodamo-nos na rotina.

Só estamos vivos porque estamos inquietos, porque caminhamos com a cabeça e o coração apontando para aquilo que ainda não conhecemos, porque preferimos o risco das perguntas à tranquilidade das certezas adquiridas. Somente quando somos arrastados e empurrados pelos nossos desejos mais profundos e nos pomos a caminho atrás deles é que realmente vivemos. Inquietos, abertos, sonhadores, fomos criados assim: imagem do infinito, com um anseio de vida dentro do coração. Se esse fogo se extinguir, tornamo-nos cinzas. Porque somos exploradores nunca satisfeitos, viajantes nunca cansados, buscadores famintos. Viajantes nunca em paz com nós mesmos, com os olhos apontados para o alto e para além. E é devido a essa inquietação que muitas vezes atravessamos as tempestades das crises na nossa vida. Elas nascem do impacto violento entre o que

Recomeçar: palavras necessárias para tempos difíceis

queremos ser e o que realmente somos, da lacuna entre o que sonhamos e a realidade que muitas vezes nos traz de volta à terra de modo violento. A ausência de inquietação, que sugere que nos contentemos com a vida e a arrastemos, certamente evita a dor da crise. Mas, como afirma a escritora francesa Christiane Singer, as crises vêm para evitar o pior, ou seja, uma vida sem paixão e sem naufrágios, que permanece na superfície e flutua nos pântanos da superficialidade. Sem crise, de fato, não há desafios. A vida se torna uma rotina cansativa ou uma longa agonia da normalidade, sem brisas, sem sobressaltos, sem perguntas.

Quando somos capazes de nos deixar sondar pelas perguntas, de nunca nos sentirmos satisfeitos, de não nos fecharmos na presunção de ter chegado e de já ter visto tudo, de nos deixarmos interrogar pela vida, sem nunca deixarmos de buscar, então a nossa vida poderá ser verdadeiramente chamada de vida. Trata-se de escutar o próprio desejo, que é o sentimento contundente da falta: aquilo que nos estende para além de nós mesmos, precisamente porque nos faz sentir que falta algo de importante em nós. Falta nunca completamente satisfeita, tensão aberta, ferida pungente, sede que não se sacia.

Não é fácil ser inquieto e permanecer acordado, especialmente na nossa sociedade de consumo, em que tudo parece ter sido criado artisticamente para satisfazer os desejos imediatamente, ligando-os a algo tangível, que pode ser usufruído aqui e agora, que pode ser usado e jogado fora. Nada de pior pode acontecer à nossa vida se, sequestrados e seduzidos pelo consumismo, tentamos tapar o buraco da nossa fome de vida e da sede que carregamos no coração com o acúmulo de objetos, com a busca obsessiva de produtos, com a corrida às diversões. Trata-se de uma armadilha mortal, que atrofia o desejo: pensar que podemos sentir-nos saciados segurando algo entre as mãos ou satisfazendo a visão dos nossos olhos através de algum brilho que nos é vendido, pontualmente, como um antídoto para a infelicidade. De objeto em objeto, consumindo sempre novas experiências, buscando sempre novas emoções, perseguindo sempre o novo produto da moda, usando e jogando fora, matamos o desejo e extinguimos a verdadeira inquietação.

Em seu esplêndido livro *A inquietação*, a escritora Marion Muller-Colard, vencedora do Prêmio Espiritualidade de 2017, na França, escreve assim: "Sabemos desde sempre que a inquietação é um fato incontestável das nossas vidas e, por isso, procuramos produtos, deuses, mantras, *gadgets*, diversões que nos mantenham longe dessa contingência. Tenho vontade de dizer que não existe um inquieto pior do que aquele que tenta fugir da própria inquietação. Prefiro os inquietos aos tranquilizadores. Perturbados, perturbadores... Gosto de sua exigência, de sua insatisfação, quando arregaçam as mangas e acabam com toda banalidade que corre o risco de enganar sua vigilância".

E acrescenta: "Além disso, se existe outro texto que, na minha opinião, mereceria ser intitulado 'Livro da inquietação', é o Evangelho".

As perguntas que nos interrogam

Não é por acaso que o Evangelho, em vez de ser um livro de respostas e soluções fáceis, se apresenta como um livro cheio de perguntas que interrogam e inquietam.

Desse modo, o Evangelho nos comunica que a fé é uma relação viva com um Deus vivo dentro dos sobressaltos da cotidianidade, das expectativas do coração, das perguntas e das dúvidas que nos habitam, das fadigas, dos projetos e das alegrias que construímos, e – como afirma o Papa Francisco – não é um anestésico da alma e das paixões. O Evangelho nos comunica que, no caminho da nossa vida, as perguntas são mais importantes do que as respostas, e que depende muito de sabermos fazer as perguntas certas, sem atalhos.

Essa é a inquietação a que a fé cristã quer nos levar: não aquela que às vezes nos assalta, apertando-nos a garganta e tirando-nos o fôlego, por ser determinada por algum obstáculo ou dificuldade, mas sim aquela inquietação que nos traz de volta a nós mesmos, que nos lembra de que somos feitos para o infinito, que nos abre os olhos para os horizontes sem limites que Deus sonha para nós, que nos faz sentir também a ferida da distância entre a utopia do possível e a realidade por vezes severa que nos encontramos vivendo.

Para alimentar essa inquietação e não perder a paixão pela vida, as perguntas são importantes e necessárias. Elas também são perigosas: abrem brechas, põem em crise, trazem você de volta para dentro de si mesmo, empurram-no para além. Acima de tudo, abrem caminhos em relação aos quais não se pode voltar atrás. As perguntas – as verdadeiras – não se contentam com respostas fáceis, mas permanecem como interrogações plantadas no coração e nunca nos deixam como estávamos antes.

Jesus faz 217 perguntas. Ludwig Monti dedicou-lhes um belo livro intitulado justamente *As perguntas de Jesus*. Por meio das perguntas, Jesus apela à liberdade e à imaginação de seus interlocutores: não se impõe, não define, não esmaga, mas se apresenta como um motivo a seguir, encoraja o caminho de busca, remete-nos à verdade nua e crua de nós mesmos, convida-nos a escavar dentro das complexas riquezas da realidade, para não reduzir a nossa visão apenas àquilo que sentimos imediatamente ou ao que os outros gostariam de nos convencer. Ao fazer perguntas, Jesus ilumina o coração de escuta, amplia os horizontes restritos, desloca, provoca mudanças de rumo, obriga-nos a olhar para dentro do nosso desejo mais profundo.

Não é por acaso que o evangelista João inicia seu Evangelho contando-nos que o encontro entre os primeiros discípulos e Jesus é modelado sobre perguntas. A primeira palavra de Jesus é uma pergunta: "O que vocês buscam?". É como se lhes perguntasse: "Qual é seu desejo mais profundo? O que os anima, o que os apaixona, com o que vocês sonham?". Perguntas que implicam muitas outras. Como afirma Ludwig Monti, o caminho de toda a vida está aqui: "Onde, buscar, habitar, vir, ver, chorar".

É bom poder olhar para a fé cristã nesta perspectiva: não como uma paz sonolenta, uma espiritualidade anestesiante, uma fumaça que atordoa até nublar a paixão e extinguir as trepidações da vida dentro de nós mesmos, mas, ao contrário, como um pequeno fogo aceso que nos queima por dentro e nos torna inquietos: em relação a nós mesmos e à busca da nossa verdade, em relação aos outros pelo desejo de amá-los e servir a sua felicidade, em relação à sociedade para lutar contra tudo o que degrada a beleza da criação e fere a dignidade das pessoas. Inquietos sempre, com essa sadia inquietação que nos faz sair de nós mesmos e põe em circulação todas as potencialidades da nossa vida.

O Papa Francisco nos convidou tantas vezes a sermos vigilantes, para que a nossa fé, o nosso cristianismo e os nossos gestos religiosos não sejam apenas a resposta a uma necessidade de tranquilidade interior, a uma falsa paz de consciência que nos abafa e não permite que o Evangelho nos incomode e nos provoque. Ele nos convidou muitas vezes a redescobrir que somos tecidos pelas tramas da inquietação, que carregamos dentro de nós "a inquietação de encontrar a plenitude, a inquietação de encontrar a Deus, muitas vezes até sem saber que nós temos essa inquietação", que o caminho da fé, assim como para os magos, "começa quando, com a graça de Deus, abrimos espaço para a inquietação que nos mantém despertos; quando nos deixamos interrogar, quando não nos contentamos com a tranquilidade dos nossos hábitos, mas nos colocamos em jogo nos desafios de cada dia; quando deixamos de nos manter em um espaço neutro e decidimos habitar os espaços incômodos da vida, feitos de relações com os outros, de surpresas, de imprevistos, de projetos para levar adiante, de sonhos a realizar, de medos a enfrentar, de sofrimentos que escavam a carne. Nesses momentos, levantam-se do nosso coração aquelas perguntas irreprimíveis que nos abrem à busca de Deus: onde está a felicidade para mim? Onde está a vida plena a que aspiro?".

Só está vivo quem se deixa interrogar por estas perguntas. O próprio Jesus nos faz tais perguntas no

Evangelho, para que o nosso coração não adormeça e para que nosso caminho não se detenha.

Os primeiros discípulos

O Evangelho de João começa com uma pergunta de Jesus. Ele, ao se voltar e ver que alguns o seguem, faz uma pergunta fundamental. É interessante notar que, assim como em outras passagens do Evangelho, há dois discípulos seguindo Jesus, mas o nome de apenas um deles é mencionado, André. O outro não tem nome, porque é cada um de nós. Somos nós, inquietos buscadores de Deus e de nós mesmos. E o trecho não especifica mais nada: não se sabe bem o lugar onde ocorre o encontro, não se sabe de onde Jesus vem nem para onde está indo. Isso significa que, para nos pormos em busca – de Deus e de nós mesmos –, não é preciso esperar ter tudo claro desde o início, ter um mapa definido, tudo bem arrumado e organizado. Ao contrário, trata-se de entrar em uma aventura, de nos despojarmos das ideias, das convicções e das certezas enraizadas em nós mesmos, de nos deixarmos desestabilizar. De sermos, justamente, inquietos.

A pergunta de Jesus é o cerne desse trecho do Evangelho. É a primeira vez que Jesus fala, e a primeira palavra que ele profere não é um ensinamento, uma doutrina, uma lei a seguir, mas sim uma pergunta, talvez a pergunta mais importante de todas: "O que vocês buscam?" (Jo 1,38). Ermes Ronchi, pregando os Exercícios ao Papa e à Cúria Romana, propôs uma série de meditações apenas sobre as perguntas do Evangelho, afirmando: "Antes de buscar as respostas, devemos amar as perguntas".

Deus é, acima de tudo, uma pergunta latente dentro de você, que o convoca a alguma coisa, que o convida a fazer um caminho, a se interrogar, a abrir mão de uma certa rigidez ou de certas seguranças. E, sobretudo, que tenta levá-lo de volta a seu desejo profundo, para além do turbilhão da pressa, dos barulhos e de uma vida muitas vezes vivida na superfície. Muitas vezes temos uma definição para tudo, controlamos e julgamos tudo. Até mesmo como Igreja, sempre corremos o risco de assumir essa abordagem que define tudo antecipadamente e exige clareza. Jesus, ao contrário, começa com uma pergunta que quer apelar à nossa imaginação interior, ao nosso desejo, às esperanças que cultivamos. O que você busca? O que você realmente está procurando em sua vida neste momento? O que deseja, no fundo? Quais relações busca? Com qual sociedade sonha? Que mundo quer construir?

O convite de Jesus, perante a resposta dos discípulos, é igualmente significativo: "Venham e vejam" (Jo 1,39). O que o Senhor nos pede é que não fiquemos parados. Que não abordemos as situações com reflexões que giram em torno de nós mesmos. Que não cheguemos ao fim antes mesmo de nos interrogar. Em vez disso, que sejamos inquietos, que nos ponhamos a caminho, que interroguemos nosso coração. Que dialoguemos com Deus, com os outros, com os amigos, com quem não pensa como nós. Então, o Espírito Santo nos sugerirá o necessário.

O Pe. Primo Mazzolari afirma que "as mais belas páginas da história foram escritas por almas inquietas". E, se os apóstolos escreveram a primeira grande página da comunidade cristã, é sobretudo porque foram inquietos buscadores de Jesus. É indicativo, a esse propósito, o caminho traçado pelos verbos dessa página do Evangelho: *ir*, *ver*, *permanecer*. Primeiro *ir*, isto é, romper a situação estática, sair do imobilismo, pôr-se a caminho, oferecendo cidadania à inquietação que carregamos no coração; depois *ver*, que é, acima de tudo, fazer experiência, abrir os olhos para aquilo que vem ao nosso encontro, viver o encontro com nós mesmos, com os outros e com Deus. Só depois *permanecer*, ou seja, parar e degustar.

Gosto de elogiar a inquietação com as palavras – sempre calorosas, afetuosas e poéticas – que certa vez Dom Tonino Bello dirigiu a alguns jovens de Molfetta: "Se vocês buscam essa necessidade de felicidade que sentem em seu coração, não a satisfaçam em cisternas rachadas, em fontes poluídas, em barris cujo vinho já se tornou vinagre... Porque uma coisa une a todos, crentes e não crentes, ateus e santos, freiras de clausura que se levantam no meio do noite para rezar e aqueles que, no meio da noite, cometem assaltos à mão armada... Tem uma coisa que une a todos, o bispo e vocês, um adolescente e uma idosa... Todos... A necessidade profunda de felicidade. Porque todos temos uma necessidade incrível de felicidade e experimentamos também que não há nada capaz de nos saciar, não há nada que nos satisfaça plenamente... Experimentemos realmente, crentes e não crentes, a verdade das palavras que Santo Agostinho dizia, também ele em uma busca ansiosa por pedaços, por fragmentos de felicidade que pudessem preencher o coração... Nas *Confissões*, ele escreve assim: 'Ó Deus, tu nos fizeste para ti, e o nosso coração está inquieto enquanto não encontrar repouso em ti'... O nosso coração está inquieto: temos uma inquietação profunda. O que nos une é essa necessidade de felicidade, todos a sentimos... Só que há quem satisfaça esse seu desejo de felicidade bebendo em fontes poluídas e há quem o satisfaça bebendo em fontes mais puras, mais livres. Alguns mergulham no álcool, outros mergulham nas drogas, outros ainda mergulham no prazer, alguns perseguem sonhos de grandeza, outros se deixam fascinar pelo mito da beleza, a ponto de se desesperar, por exemplo, para ter cabelos cacheados em vez de lisos, longos em vez de curtos... Você vai em busca de algo bem diferente, nada o satisfaz! Há algo que supera as satisfações momentâneas...".

E encerrou assim: "Vivam bem a vida. A vida é diferente do sono. A vida vai além da quietude".

Como afirma o escritor Julien Green, enquanto estivermos inquietos, podemos ficar tranquilos.

Para... recomeçar

Recomeçar é o gesto primordial e perene de Deus: diante da história humana, mesmo quando todas as possibilidades parecem perdidas, Deus sempre recomeça. No coração do evento cristão, há um recomeço: a ressurreição de Jesus. Ela despedaça os vínculos da morte e decreta definitivamente o fim de seu poder; é um recomeço que muda para sempre a trajetória da história e a direção da nossa vida: de agora em diante, não há mais fim. Ao contrário, o fim já se cumpriu, e é um início sempre novo. Dentro de cada morte da nossa cotidianidade, de cada fio partido, de cada crise, de cada fracasso que parece marcar o fim, esconde-se, na realidade, o verdejar de uma nova folha que cresce e o esplendor de um novo broto que surge. Dentro de cada morte, há vida, e, tudo o que pode parecer-nos um fim, nada mais é do que um novo modo de recomeçar. Um novo início.

Se olharmos de perto para o que aconteceu na manhã de Páscoa, mais do que ficarmos extasiados por um evento extraordinário, somos convidados a contemplar o vazio. De fato, quando as mulheres chegam ao sepulcro, a pedra havia sido removida, e o túmulo estava vazio. Estranhamente, é o vazio que afirma a vida, enquanto, em vez disso, continuamos a acreditar que temos de nos encher de coisas para viver. Aquelas mulheres estavam convencidas de que encontrariam o corpo de Jesus e, portanto, um sepulcro "habitado". Mas, se tivesse sido assim, embora desfrutassem do fato de poder tocá-lo novamente por um instante, cairiam depois em uma tristeza definitiva, porque veriam com seus olhos que o Senhor realmente estava morto e não restaria mais nada a fazer. O sepulcro vazio, porém, priva-as do encontro com Jesus, mas, paradoxalmente, torna-se o sinal maravilhoso de que algo novo está prestes a se iniciar: se ele não está ali, isso significa que está vivo, que venceu a morte, que é preciso buscá-lo em outro lugar, que seus vestígios serão encontrados entre os vivos. A história não está encerrada, e, o que parecia um fim, é, ao invés disso, um novo início.

Michel de Certeau, com sua marcante sensibilidade mística, indicou precisamente no sepulcro vazio a figura fundamental da fé cristã: trata-se, de fato, de uma ausência, que é, na realidade, uma forma de presença, pois o sepulcro vazio obriga a procurar Jesus entre os vivos e nos lugares da vida. Essa ausência nos diz que é possível recomeçar sempre, para além de toda morte, porque Jesus está vivo.

O sepulcro vazio indica uma possibilidade infinita: se Deus não está aqui, está em outro lugar e em todos os lugares. Se não o encontro onde penso que está, talvez ele se deixe encontrar em uma situação inesperada e imprevista para mim. Se hoje ele não está e eu não o sinto, talvez esteja abrindo para mim uma estrada para o amanhã. É assim também para as outras situações da vida: aquilo que hoje me parece perdido e ausente, talvez eu possa encontrar em outro lugar. Aquilo que hoje é estéril pode brotar amanhã. Aquilo que hoje me parece vazio como o sepulcro, talvez me prepare para algo amanhã.

Entretanto, para tomar a vida nos braços de acordo com essa perspectiva, precisamos cultivar em nós a arte de recomeçar. Caminhar escolhendo a região dos riscos e avançando rumo a novos inícios, especialmente quando as coisas não ocorrem como gostaríamos. Sair da tentação daquilo que o Papa Francisco chama de "psicologia do túmulo", aquela tristeza adocicada que apaga o entusiasmo e nos entrega ao nada. Vencer o nosso conservadorismo e as resistências à mudança. Bendizer também as nossas perdas e derrotas, porque, muitas vezes, são essas experiências de "vazio" que limpam o campo da nossa vida e o tornam disponível a um novo início.

Recomeçar é possível. Nas dobras ocultas da nossa vida pessoal e familiar, como também nas fadigas e fraturas das nossas cidades e da nossa sociedade. Recomeçar com palavras inspiradas por pensamentos bons e capazes de gerar gestos, sinais e escolhas plenamente humanos e profeticamente evangélicos. Recordando que o próprio Deus é o início de todos os nossos recomeços. Porque "Deus se inclina, perde o equilíbrio, compromete-se, fica do nosso lado. Por isso, também somos chamados a nos inclinar. A vida humana é um risco. A nossa vida também é se inclinar, é um risco, é ir além do limite. Quem quer permanecer sempre dentro do limite seguro, nunca sai de si mesmo... É como o grão de trigo que não morre e fica sozinho" (Carlo Maria Martini).

Nunca é tarde demais. A vida, de fato, recomeça sempre.

Paulinas

Rua Dona Inácia Uchoa, 62
04110-020 – São Paulo – SP (Brasil)
Tel.: (11) 2125-3500
paulinas.com.br – editora@paulinas.com.br
Telemarketing e SAC: 0800-7010081